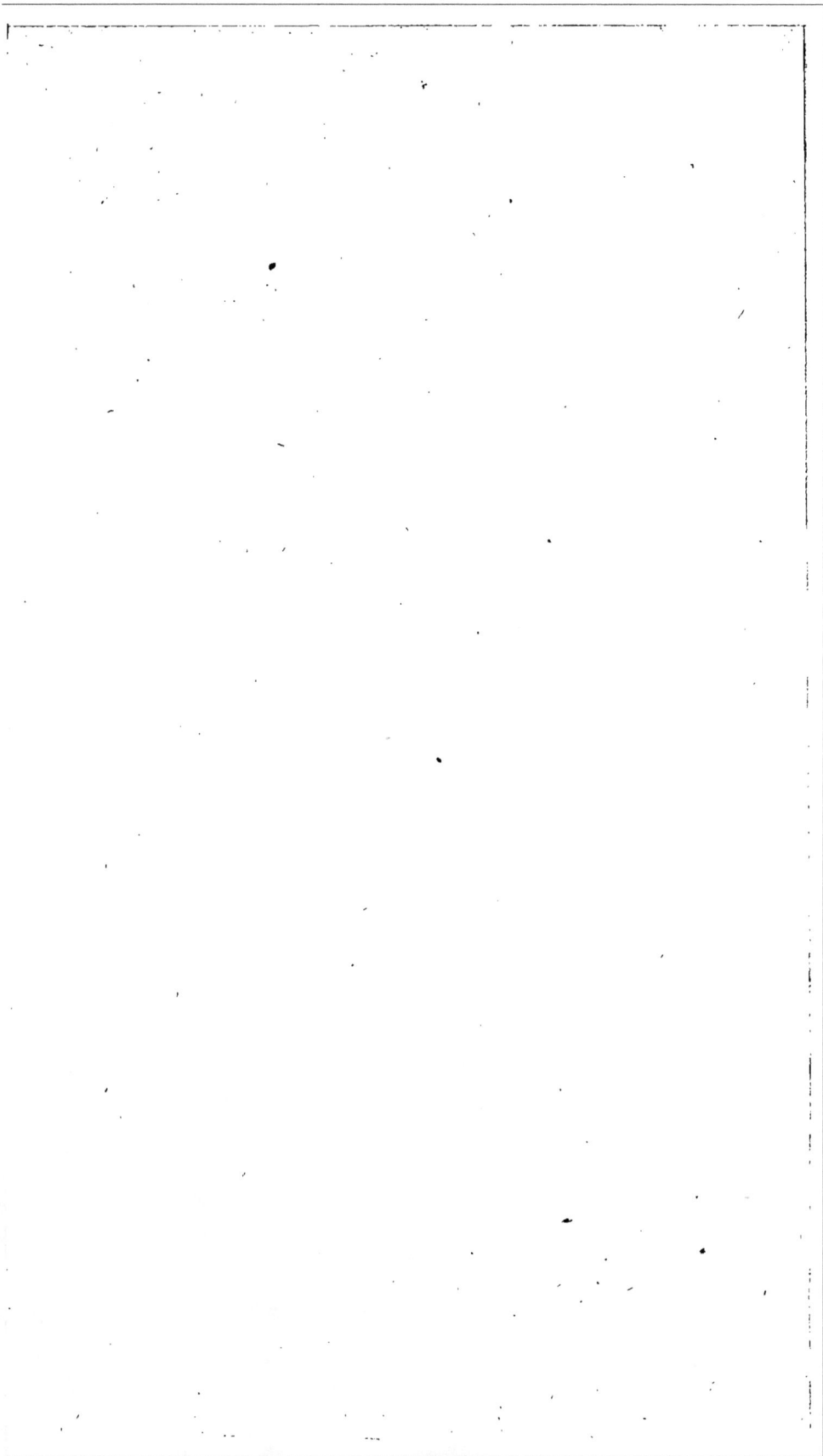

14

$\mathcal{I} \mathcal{H}$ 69

SECOND
PROCÈS-VERBAL

DE

L'ASSEMBLÉE GÉNÉRALE

DES

TROIS-ORDRES

DE LA PROVINCE

DE DAUPHINÉ,

Tenue dans la ville de Romans le 2 Novembre 1788.

A GRENOBLE,

De l'Imprimerie de J. M. Cuchet, Imprim. Libraire
de Mgr. le Duc d'Orléans & des Trois-Ordres de
la Province de Dauphiné.

M. DCC. LXXXVIII.

SECOND
PROCÈS-VERBAL

*De l'Affemblée générale des Trois-Ordres
de la Province de Dauphiné, tenue dans
la ville de Romans.*

Du Dimanche deux Novembre mil fept cent quatre-vingt-huit, dans l'Eglife des Ré érends Peres Cordeliers de la ville de Romans, à quatre heures du foir.

Conformément à la prorogation portée par la Délibération des Trois-Ordres, du vingt-fept Septembre dernier, ont été préfens ceux dont les noms font ci-après, fans obfervation de rang & de préféance dans chaque Ordre.

CLERGÉ.

MONSEIGNEUR l'Archevêque de Vienne, *Préfident.*

MESSIEURS

L'Abbé de la Salcette, Procureur fondé de M. l'Archevêque d'Embrun.

C L E R G É.

MESSIEURS

Le Chanoine Barthellemy, Procureur-fondé du Chapitre de Grenoble, le Siége vacant.

L'Abbé de Chantemerle, Procureur-fondé du Chapitre de Valence, le Siége vacant.

Commandeurs de Malthe.

MESSIEURS

Le Bailli de Laubepin.

Le Commandeur de Rigaud.

Députés des Eglises Cathédrales.

MESSIEURS

L'Abbé de Saint-Albin·ㆍ⎫
L'Abbé Bernard······ ⎬ *Chan. de l'Egl. de Vienne.*

De Creſſy··········· ⎫
De Sieyes·········· ⎬ *Chan. de l'Egl. d'Embrun.*

Anglès ·········· ··· *Ch. de l'Egl. de Grenoble.*

L'Abbé de Saint-Pierre·⎫
De la Lombardiere··· ⎬ *Ch. de l'Egl. de Valence.*

Agnès ············ *Chan. de l'Eglise de Die.*

De Saint-Genis······ ⎫
De Cazeneuve······· ⎬ *Chan. de l'Eglise de Gap.*

De Seillans········· ⎧ *Chanoine de l'Eglise de*
                      ⎩ *S. Paul-Trois-Chât.*

CLERGÉ.

Députés des Eglises Collégiales.

MESSIEURS

De Rachais·········· { *Doyen des Comtes de S.*
Pierre & S. Chef.

L'Abbé de Dolomieu·· { *Chanoine & Comte de S.*
Pierre & S. Chef.

Brochier ············ } *Chanoine de Saint-André*
De Legalieres········) *de Grenoble.*

Duport-Roux, fubrogé)
à M. Defmaret····· } *Chanoine de S. Barnard*
de Romans.
Suel ··············)

Borel ············· } *Chan. de l'Eglife de Creft.*
Marcelin··········· }

Députés des Diocèfes

MESSIEURS

Reymond, *Curé à Vienne, du Diocèfe de Vienne.*

Lyorat ············ }
Sylve ············· } *du Diocèfe de Valence.*

NOBLESSE.

Election de Grenoble.

MESSIEURS

Le Comte de Morges.

Le Marquis de Baronat.

Le Marquis de Langon.

Le Vicomte de Bardo-
nenche.

Le Comte de Bally.

Le Chevalier de Pina.

Le Marquis de Marcieu.

Le Marquis de Sayve-
d'Ornacieux.

Le Comte d'Herculais.

Le Comte Antoine d'A-
goult.

Le Baron de Chaléon.

De Bruno de Saint-
Sevenon.

Prunelle de Lieres.

De Menon de Champfor.

De Chuzin.

De Girin.

Le Chevalier de l'Ar-
gentiere.

Le Baron de Venterol.

Le Chevalier de Bruno.

De Riviere.

Sibeud de Saint-Ferréol.

De Roftaing.

Moulezin.

De Saint-Ours.

Le Chevalier de Belle.

Le Chevalier de Porte.

Desherbeys.

Garnier de Peliffiere.

Perrot du Thaud.

Election de Vienne.

MESSIEURS

Le Cher. du Bouchage.

Le Comte du Chabons.

Le Chevalier Alphonfe
de Dolomieu.

NOBLESSE.

MESSIEURS

Le Chev^{er}. de Rachais.
Le Marquis de Boiffac.
Le Baron de Vaulx.
Le Marquis d'Allemand de Champier.
Le Marquis de Barral de Montferrat.
Le Marquis de Rachais.
Le Marquis de Vavre de Bonce.

Le Marq. de Buffevent.
Le Marquis d'Audiffret.
Le Comte de Leuffe.
Le Chev^{er}. de Corbeau.
Le Comte de Mercy.
De Mépieu.
Le Comte de Meffrey.
Rigaud de Terrebaffe.
Serro du Cerf de Crofe.
De Jonage.

Election de Romans.

MESSIEURS

Le Chev^{er}. de Murinais.
Le Marquis de Pifançon.
Le Chev^{er}. de Pifançon.
Le Chevalier Alexandre de Pifançon.
Le Marq. de Châtelard.
Du Vivier de Lentiol.
De Barletier.
De Montchorel.
Le Comte de Chaponay.
Le Baron de Gillier.

Le Marquis de Beau-femblant.
De Chaptal de Grand-Maifon.
De Chaptal, *pere.*
Le Comte de Chabrieres de Peyrins.
Le Vicomte de Cha-brieres.
De Sibeud.
Le Vicomte de Tournon.

A 4

NOBLESSE.

MESSIEURS

De Saulcy.

Le Marquis de la Porte.

Le Comte de Mont-chenu.

Le Chevalier de Luzy.

De Barbier.

Chaptal de Seillac.

De Delley-d'Agier.

Grand.

Luzy de Peliffac , *pere*.

Grand de Châteauneuf.

Dijon de Cumanes.

De Lolle.

De Dijon.

Sigaud de Baronat.

De Rivolle.

Amédée de Gillier.

De Perrier.

Le Comte de Mons.

Jean de Richaud , *pere.*

Jean de Richaud , *fils.*

Louis de Richaud.

Election de Valence.

MESSIEURS

Le Marquis de Veynes.

De Tardivon.

Le Comte Dupont.

De Sucy.

Desjaques.

Le Chev^{er} de Vaugrand.

Le Chev^{er} de Laurencin.

Le Baron de Naillac.

Bancel de Confoulens.

D'Urre.

Dubeffé.

De Barjac de Randon.

Le Marquis de S. Vallier.

De Canel.

Le Marquis de Maubourg.

De Breffac.

Le Comte d'Eurre.

Louis de Gilbert de Janfac.

NOBLESSE.

MESSIEURS

Cartier de la Sabliere.
Le Marquis de Vefc de Beconne.
Le Chevalier de Rof-taing-Champferrier.
Le Marquis de la Ro-quete.
De Marquet.
Le Chev^er de Montrond.
De Barjac.
De Roziere, *fils*.
Le Chevalier de Mery.

De Saint-Laurent.
De Chaftellier.
Des Eymards.
De la Roliere.
Du Vivier de Salignac.
Du Colombier.
De Rey.
Levet de Malaval.
Antoine de Bouillanne.
Le Vicomte d'Allard.
Jofeph de Richaud.
André de Richaud.

Election de Gap.
MESSIEURS

Le Mis. de la Villette.
Le Marquis de Savine.
Le Marquis de la Garde.
Le Marquis de Moléon.
Le Marquis de Pina Saint-Didier.

De Bragard.
Le Comte de Revigliafc.
De Queyrel.
Taxis du Poët.
De Ventavon.

Election de Montelimar.
MESSIEURS

Le Comte de Marfane.
Le Mis de Blacons, *fils*.

Le Marquis Dupilhon.
Le Mis de Suarez d'Aulan

NOBLESSE.

MESSIEURS

Le Baron de Bruyere.
Rigaud de Lille.
Le Baron de Montrond.
De Calameau.
Le Marquis de Befignan.
De la Cofte de Maucune.
Petity de Saint-Vincent.
Le Marquis de Léotaud-
 Montauban.
Le Marquis de la Tour-
 du-Pin-Montauban.

Le Marquis Dupuy-
 Montbrun.
Le Comte de Moreton-
 Chabrillan.
Le Marquis de Joviac.
Gabriel de Richaud.
Jean de Richaud.
Le Marquis d'Athenolt.
Le Vicomte d'Allard.
De Rochegude.
Le Ch^{er}. de la Deveze.

TIERS-ÉTAT.

Députés des Villes, Bourgs & Communautés mentionnés dans le Procès-verbal
de la précédente Affemblée.

Election de Grenoble.

MESSIEURS

Piat-Desvial, *Avocat.*
Barthelemy d'Orbane,
 Avocat.
Bertrand, *Avocat.*

Gagnon, *Médecin.*
Revol, *Conful de Gre-
 noble, Subrogé à M.
 Mounier.*

TIERS-ÉTAT.

MISSIEURS

Allemand-Dulauron.

Bottut, *Syndic du Com-*
 merce.

Paſcal, *Négociant.*

Robert, *Procureur.*

Rubichon, *Négociant.*

Bernard, *Lieutenant en*
 la Judicat. de Grenoble.

Eynard, *Avocat.*

Mallein, *Avoc. ſubrogé*
 à M. Romain Mallein.

Réal, *Avocat.*

Bigillon-la-Bâtie.

Grand du Fay.

Piſon du Galand, *fils.*

Chabert, *fils, Avocat.*

Chabert, *Notaire.*

Farconet, *Avocat.*

Margot.

Dufreſne.

Hélie.

Jail.

Arvet.

Teyſſere.

Renauldon.

Bouvier.

Bon.

Dorgeval.

Jat, *Notaire.*

Boulon.

Deſmoulins.

Dumolard.

Aman.

Guillot.

Aribert-Desjardins.

Bernard, *de Valbonnois,*
 Avocat.

Blanc, *de Valbonnois.*

Bettou.

Imbert-Desgranges.

Doz.

Jouguet, *Avocat.*

Allemand-Deschemins,
 Notaire.

Santon, *Notaire.*

Royer, *aîné.*

Jullien, *Notaire au Vil-*
 lard-de-Lans.

TIERS-ÉTAT.

MESSIEURS

Dumas, *Avocat.*

Allard-Duplantier.

Coinde-la-Tivoliere.

Gerboud.

Faure-de-Beauregard.

Election de Vienne.

MESSIEURS

Chabroud, *fils, Avocat.*

Hilaire, *Avocat.*

De Roziere de Cham-
pagnieu.

Almeras-la-Tour.

Armanet, *Notaire.*

Roche, *d'Aoft.*

Comberouffe, *Avocat.*

Sappey, *Notaire.*

Dupuy, *fils, Bourgeois.*

Revolat, *Médecin.*

Roux-la-Colombiere.

Salomon, *de Boffieu.*

Drevon, *Notaire.*

Magnin, *Notaire.*

Peronfet.

Alricy, *Avocat.*

Nugues, *Procureur.*

L'Hote.

Bouvier, *de Quirieu.*

Favot, *Notaire.*

Trollier, *Avocat.*

Perreton, *Avocat.*

Vallet-de-Vernatel.

Comte, *Bourgeois.*

Treillard, *de Bonpertuis.*

Apprin, *de Virieu.*

Chevalier, *du Pont-de-
Beauvoifin.*

Pafcal-de-la-Rochette,
Avocat.

Martin, *de Preffins.*

Varnet, *Bourgeois.*

Tranchant, *fils.*

Chenavas, *Notaire à la
Côte Saint-André.*

TIERS-ÉTAT.

MESSIEURS

Pascal, *Médecin.*
Reymond.
Danton.
Michoud, *de Brangue.*
Michoud, *de Gouvoux.*

Permezet, *Notaire.*
Berlioz, *aîné.*
Bouvier, *de Renauldel.*
Lefevre, *d'Hauteville.*

Election de Romans.

MESSIEURS

Mortillet, *premier Echevin.*
De la Cour - d'Ambézieu, *Avocat.*
Le Gentil, *Avocat.*
Dochier, *fils*, *Avocat.*
Lacour, *Notaire.*
Mortillet, *fils*, *Avocat.*
Giraud, *Avocat.*
Enfantin, *Avocat.*
Genissieu, *Négociant à Saint-Antoine.*
Gontier, *Bourgeois aux Fories.*
Julin, *fils*, *Bourgeois à Chatte.*

De Boissieu, *Avocat.*
Nievolet.
Pain-du-Perron, *Avoc.*
Guillermet, *Avocat.*
Nievolet, *Notaire à Roibon.*
Champel, *Avocat.*
Triolle, *Bourgeois.*
Charpenay, *Notaire.*
Brossat, *Notaire à Vourey.*
Salomon, *aîné*, *Négociant à Rives.*
Vachon, *Notaire à Chatenay.*
Jacolin, *de Réaumont.*

TIERS-ÉTAT.

MESSIEURS

Juvenet , *Notaire à S. Marcellin.*

Cochet , *Châtelain à S. Etienne de S. Geoir.*

Gril , *Bourgeois à Serres.*

Doriol , *Contrôleur à Beaurepaire.*

Quincieux , *Notaire à Moras.*

Ribaud - Gaubernard , *Avocat.*

Reynaud-Florentin , *Notaire à Serres.*

Peroufe , *de Montclos.*

Boiffonnet , *Bourgeois.*

Gagnere , *Médecin à Saint-Vallier.*

Bonnet , *Notaire à Laveron.*

Colonge , *Bourgeois.*

François , *Avocat à Romans.*

Monnet , *Avocat.*
Fleury , *fils, Avoc.*
Reymond , *fils.*
Genin , *Médecin.* } *à Saint-Vallier.*

Élection de Valence.

MESSIEURS

Ezingeard.

Vignon.

Rubichon.

Cara-de-Maffotier.

Didier , *Avocat.*

Melleret.

Revol.

Servan.

Bochard , *Procureur à Romans.*

Bournat.

Achard.

Degros.

Bret.

Urtin , *Notaire.*

Blancard.

TIERS-ÉTAT.

MESSIEURS

Bellier.	Bellier , *de Peyru*ˢ.
Bleton.	Durofet.
Berenger.	Dupont.
Bouvier.	Jubié.
Bayle.	Lambert.
Teyzier.	Roux , *Avocat*.
Terrot.	Pey.
Maffot.	Feugier.

Election de Gap.

MESSIEURS

Marchon, *Maire de Gap*.	Achard-de-Germane , *Avocat*.
Labâtie, *fils, Av. du Roi*.	
Moynier-du-Bourg , *Procureur*.	Barillon, *Bourgeois*.
	Gabriel , *Bourgeois*.
	Ardoin, *Avocat*.
Revol , *Avoc.* } *Députés des Communautés de Peyre & Saint-Pierre.*	Blanc , *Avocat*.
Duchefne, *Av.*	Colomb , *Avocat*.
	Souchon , *Notaire*.
Faure-Lacombe, *premier Echevin de Tallard*.	Grand-de-Champrouet, *Affeff. au Bailliage de Briançon*.
Morgan , *Notaire*.	
Pafcal , *fils*, *Avocat*.	Fantin , *Avocat*.
Gontard , *Not. à Serres*.	Berthelot , *fils* , *Bourg.*
Faure , *Not. à Orpierre*.	*à Abriés*.

TIERS-ÉTAT.

MESSIEURS

Richard, *Bourg.*
de Briançon.
Roffignol. . . . .
} *Subrogés à M*rs *Chancel , Faure ,*
Martinon & Guille.

Élection de Montelimar.

MESSIEURS

De Bertrand, Comte de Montfort , *dans les Etats du Saint-Siége, Lieutenant-Général au Bailliage du Buis.*

Cheynet, *Maire de Montelimar.*

De Lamorte , *Maire de Die.*

Richard , *Maire de Creft.*

Argoud , *Echevin à Die.*

Chaniac , *pere , Avocat.*

Lagier - la - Condamine , *Avocat.*

Pain , *Confeiller en l'Election de Montelimar.*

Reboul-de-la-Julliere , *Avocat.*

Roman-de-Fonrofa, *Av.*

Barnave , *fils , Avocat.*

Chaniac , *fils , Avocat.*

Thune , *Procureur-Fifcal à S. Paul-Trois-Chât.*

Vachier , *Avocat.*

Magnan , *Avoc. & Not.*

Mirabel , *Gradué , au Pont-du-Baret.*

Freycinet , *Négociant.*

Bignan , *de Coyrol, Négociant.*

Morin , *fils cadet , Nég.*

Romieu-Deſforgues.

Barnave , *Notaire.*

Brochier , *Notaire.*

Reynaud - de - la - Gardette.

Meynot ,

TIERS-ÉTAT.

MESSIEURS

Meynot, *Nég. à Donzere.*   Laval, *Chirurgien.*
Delaye, *Négociant.*   Grangier, *Notaire.*
Varronnier, *Bourgeois.*   Pourtier, *Bourgeois.*
Pascal, *Notaire.*   Marcellin, *Laboureur.*
Blanc-Grand-Combe,
   Notaire.

M. l'Archevêque de Vienne, Président de l'Affemblée, s'eft placé dans un fauteuil, au fond de
la Nef, près du Sanctuaire, ayant à fa droite le
Clergé, à fa gauche la Nobleffe, & le Tiers-Etat
des deux côtés & en face, fuivant immédiate-
ment le premier & le fecond Ordre ; le tout fans
obfervation de rang, d'âge, ni de préféance.

M. de Morges, Préfident de la Nobleffe, s'eft
placé à la tête de fon Ordre.

L'Affemblée ayant pris féance, M. le Préfident
a dit, qu'il eft convenable de députer M. Mou-
nier, Secrétaire, à MM. les Commiffaires du
Roi, pour les avertir que l'Affemblée eft formée.
Le Secrétaire s'eft rendu chez M. de Narbonne-
Frizlar, où fe trouvoit M. Caze, Baron de la
Bove. Le Secrétaire étant revenu, & MM. les
Commiffaires du Roi ayant fait prévenir l'Affem-

B

blée, par un Officier du Régiment de Royal la Marine, qu'ils étoient à l'entrée de l'Eglise, *MM. l'Abbé de la Salcette, l'Abbé de Saint-Albin, le Marquis de la Tour-du-Pin-Montauban, le Marquis de Langon, le Marquis du Pilhon, le Marquis de Buffevent, de Bertrand-de-Montfort, Duchesne, Chabroud, de la Cour d'Ambefieu, de la Bâtie & Blancard*, ont été députés pour les recevoir trois pas hors de la porte.

M. le Comte de Narbonne-Frizlar, Grand-Croix de l'Ordre de Saint Louis, & Commandeur de l'Ordre de Saint Lazare, Lieutenant Général des Armées du Roi, & Commandant pour fon fervice en Dauphiné, & M. Caze, Baron de la Bove, Intendant de la Province de Dauphiné, font entrés accompagnés de MM. les Députés, & ont falué l'Affemblée qui s'eft levée pour leur rendre le falut.

MM. les Commiffaires du Roi ont pris les places qui leur étoient deftinées, & s'étant affis & couverts, ainfi que les Membres de l'Affemblée, ils ont remis au Secrétaire deux lettres clofes de Sa Majefté, pour en faire lecture ; ces lettres étant de la teneur fuivante.

« A Monf. le Comte de Narbonne-Frizlar,
» Lieutenant Général de mes Armées, Commandant pour mon Service en Dauphiné.

» Monf. le Comte de Narbonne-Frizlar, ayant

» permis aux Repréfentans des Trois-Ordres de
» ma province de Dauphiné, de fe raffembler
» à Romans, le premier du mois de Novembre
» prochain, je vous ai choifi, ainfi que le fieur
» Caze de la Bove, Intendant de Juftice, Po-
» lice & Finances dans ladite Province, pour
» affifter à cette Affemblée, en qualité de mes
» Commiffaires. En conféquence, mon inten-
» tion eft que vous vous trouviez ce jour-là à
» ladite Affemblée, & que vous lui faffiez con-
» noître mes intentions. Je fuis perfuadé que
» vous vous acquitterez de la miffion que je
» vous confie, avec tout le zèle que je vous
» connois pour mon fervice. Je defire, au fur-
» plus, que fi vous ou ledit fieur Caze de la Bove
» vous trouviez dans l'impuiffance de la rem-
» plir, elle le foit, en ce cas, par l'un de vous,
» en l'abfence de l'autre; fur ce je prie Dieu
» qu'il vous ait, M. le Comte de Narbonne-
» Frizlar, en fa fainte garde. Ecrit à Verfailles,
» le 24 Octobre 1788. *Signé*, LOUIS. DE LO-
» MÉNIE, COMTE DE BRIENNE.

» A Monf. Caze de la Bove, Confeiller en mes
» Confeils, Maître des Requêtes honoraire de
» mon Hôtel, Intendant & Commiffaire-départi
» pour l'exécution de mes ordres en Dauphiné.

» Monf. Caze de la Bove, ayant permis aux Re-
» préfentans des Trois-Ordres de ma province

» de Dauphiné, de fe raffembler à Romans, le
» premier du mois de Novembre prochain, je
» vous ai choifi, ainfi que le fieur Comte de
» Narbonne-Frizlar, l'un des Lieutenans-Géné-
» raux en mes Armées, Commandant en ladite
» Province, pour affifter à cette Affemblée, en
» qualité de mes Commiffaires. En conféquence,
» mon intention eft que vous vous trouviez ce
» jour-là à ladite Affemblée, & que vous lui
» faffiez connoître mes intentions. Je fuis per-
» fuadé que vous vous acquitterez de la miffion
» que je vous confie, avec tout le zele que je
» vous connois pour mon fervice. Je defire,
» au furplus, que fi vous ou ledit fieur Comte
» de Narbonne-Frizlar vous trouviez dans l'im-
» puiffance de la remplir, elle le foit, en ce cas,
» par l'un de vous, en l'abfence de l'autre; fur
» ce je prie Dieu qu'il vous ait, Monf. Cazé
» de la Bove, en fa fainte garde. Ecrit à Ver-
» failles, le 24 Octobre 1788. *Signé* LOUIS.
» DE LOMÉNIE, Comte DE BRIENNE ».

Enfuite MM. les Commiffaires du Roi ont remis des Lettres-Patentes, adreffées, par Sa Majefté, aux Trois-Ordres de la Province, le 24
Octobre, & le Réglement fait dans le Confeil
du Roi, le 22 du même mois; il en a été fait
lecture, & l'Affemblée a arrêté qu'ils feroient
laiffés fur le Bureau pour en être délibéré.

MM. les Commiſſaires du Roi ont fait remettre ſur le Bureau les obſervations imprimées ; annoncées par le préambule du Réglement fait par Sa Majeſté en ſon Conſeil : il en a été également fait lecture.

M. le Comte de Narbonne a dit :

« Meſſieurs, d'après la lecture qui vient d'être
» faite à l'Aſſemblée, des Lettres-Patentes qui
» lui ſont adreſſées par Sa Majeſté, & de l'Arrêt
» de Réglement pour le rétabliſſement des Etats-
» Provinciaux du Dauphiné, ſous une forme plus
» analogue à ſa conſtitution actuelle, vous juge-
» rez, mieux que je ne ſaurois vous l'exprimer,
» combien le Roi eſt occupé de l'avantage & du
» bonheur de ſes Sujets de ſa Province de Dau-
» phiné. M. le Duc de Tonnerre ayant été ap-
» pellé à l'Aſſemblée des Notables, Sa Majeſté
» m'a ordonné de commander pour ſon ſervice
» dans la Province. Je ſens, Meſſieurs, & ne
» crains pas d'en faire l'aveu, que cette place
» eſt au-deſſus de mes forces & de mes lumières,
» & que je ne pourrai y ſuppléer que par mon
» zèle & une attention conſtante & ſuivie à rem-
» plir les vues bienfaiſantes de Sa Majeſté. J'oſe
» eſpérer, Meſſieurs, que, comme Citoyen, j'ai
» pu acquérir quelque droit à votre eſtime : mes
» vœux ſeroient comblés, ſi, dans le cours de

» la commiſſion qui m'a été confiée , j'étois aſſez
» heureux pour mériter vos ſuffrages , ainſi que
» votre bienveillance ».

M. Caze, Baron de la Bove, a dit .

« MESSIEURS , vous venez d'entendre les in-
» tentions du Roi , & les motifs dont Sa Majeſté
» a voulu vous donner connoiſſance. Cette nou-
» velle marque de ſa bonté doit vous convain-
» cre , de plus en plus , de ce que l'on doit atten-
» dre du meilleur & du plus juſte des Rois. C'eſt
» ennoblir la Nation , c'eſt s'agrandir ſoi-même ,
» que de ne vouloir régner que ſur des Peuples
» éclairés , que Sa Majeſté ne deſire de rendre
» heureux que par le concours de leur opinion
» & de leur amour. Elle ſemble vous choiſir plus
» particuliérement , MM. , pour être aujourd'hui
» les objets de ſa bienveillance & de ſa ſollicitude
» paternelle, en donnant , à la conſtitution de
» cette Province , une baſe auſſi inébranlable
» que celle qui réſulte de la confiance récipro-
» que du Prince & de ſes Sujets , de leur tendance
» mutuelle au bien de l'Etat , à la gloire de la
» Nation. Que ne doit-on pas eſpérer des lu-
» mières & du patriotiſme qui vous diſtinguent ?
» Ils ne peuvent manquer d'apporter , dans vos
» Délibérations , cette ſageſſe qui doit veiller
» ſur la deſtinée des Peuples, cette réflexion qui

» doit faire fentir qu'il eft des Loix générales,
» dont on ne peut s'écarter fans bleffer l'harmonie
» qui fait la force comme la sûreté des Empires.

» Nul objet ne peut aujourd'hui, Meffieurs,
» vous diftraire du travail important que Sa
» Majefté remet entre vos mains. La confiance
» eft rétablie, l'ordre renaît de toute part, &
» la vérité qui environne le Trône, doit affurer
» à la Nation qu'elle verra bientôt reparoître les
» plus beaux, les plus heureux jours de la
» Monarchie.

» Nous éprouvons, Meffieurs, la fatisfaction
» la plus douce de n'avoir à vous annoncer que
» des intentions auffi bienfaifantes de la part du
» Roi, & fi analogues, en même-tems, au vœu
» de la Province & à celui que Sa Majefté nous
» a permis de lui exprimer ».

M. l'Archevêque de Vienne, Préfident de
l'Affemblée, a dit :

« Meffieurs, il n'eft pas de plus beau fpectacle
» qu'une Nation ou une Province entière, raf-
» femblée dans fes Repréfentans, & s'expliquant
» par leur organe, fur les intérêts les plus chers
» à la patrie ; c'eft ce qu'on a déjà vu dans les
» premieres Séances de notre Affemblée. Elle a
» fait connoître les reffources que le Dauphiné
» peut trouver en foi pour l'établiffement d'une

» fage adminiftration. Mais aujourd'hui que le
» concours de la volonté du Souverain avec
» celle des Sujets, eft prêt à fe déployer, com-
» bien ce fpectacle deviendra-t-il plus impor-
» tant ? On y verra un de ces combats auffi falu-
» taire, auffi glorieux, qu'ils font rares parmi
» les hommes de grandeur d'ame, de bonté, de
» juftice d'une part, & de l'autre, de fidélité,
» de zèle, de reconnoiffance & d'amour. Ce
» fpectacle, également propre à exciter l'admi-
» ration & la joie, ne fera pas indigne de fervir
» de modèle à d'autres Provinces du Royaume,
» peut-être même (ofons le dire, en demandant
» qu'on excufe cette témérité) aux Etats-Géné-
» raux, cette Affemblée augufte, réclamée par
» tant de voix, defirée par tant de vœux. Dans
» l'attente de fa prochaine Convocation, nous
» allons, Meffieurs, nous occuper du foin de
» confommer notre Ouvrage; nous efpérons,
» fous vos aufpices, de mériter de plus en plus la
» confiance que le Roi daigne nous témoigner ».

M. le Comte de Morges, Préfident de la Nobleffe, a dit :

« Meffieurs, des Affemblées nationales &
» périodiques vont renaître parmi nous, & nous
» touchons au moment de jouir, dans cette Pro-
» vince, d'une libre & fage adminiftration defirée

» depuis si long-tems & formée par nous-mêmes!
» Mais la nouvelle constitution de nos Etats
» exige que cette balance, que nous avons fixée
» entre les différens Ordres, reste toujours dans
» ce juste équilibre que l'amour du bien public
» doit maintenir. La Noblesse s'applaudira sans
» doute du sacrifice volontaire d'anciens usages,
» & elle n'en desire le souvenir que pour con-
» tribuer à l'harmonie, si essentielle à un nou-
» vel établissement. C'est non-seulement, Mes-
» sieurs, dans les réglemens que votre sagesse a
» dictés, que doit reposer la confiance récipro-
» que, mais encore dans nos cœurs où se trou-
» vera cette union de sentimens, cet accord de
» principes, qui dirigeront nos travaux vers le
» but que nous nous proposons ; & la fer-
» meté, le courage & les lumieres que vous
» avez montrés, en garantissent le succès, &
» justifient l'opinion publique dans les suffrages
» flatteurs que vous en avez obtenus ».

Ensuite MM. les Commissaires du Roi se sont
levés pour saluer l'assemblée qui s'est également
levée ; ils ont été accompagnés par les mêmes
Députés nommés pour les recevoir ; & pendant
leur marche, les Membres de l'Assemblée ont
applaudi & crié *VIVE LE ROI*.

Les exemplaires des Observations imprimées,
remises par MM. les Commissaires du Roi, ont

été diftribués à tous les Membres de l'Affemblée.

M. le Préfident a renvoyé la Séance à lundi, 3 Novembre, à dix heures du matin, & il a figné :

† *J. G. Archevêque de Vienne*, *Préfident*.

MOUNIER, *Secrétaire*.

_____

Du Lundi , trois Novembre , à dix heures du matin.

LE Secrétaire a fait lecture d'une Lettre écrite par M. Necker, aux Trois-Ordres de la Province, dont la teneur fuit :

MESSIEURS,

« J'ai reçu, avec la plus parfaite reconnoif-
» fance, la lettre dont vous m'avez honoré ; je
» la conferverai comme un titre de gloire, &
» je ferai heureux fi, par mes foins & par mes
» efforts, je puis me montrer digne de votre
» eftime & de votre confiance. Je vous prie,
» Meffieurs, d'agréer mes très-humbles remer-
» cîmens, & les affurances du refpectueux atta-
» chement avec lequel j'ai l'honneur d'être,

MESSIEURS,

Votre très-humble & très-
obéiffant Serviteur,

Signé, NECKER.

Ce 26 Octobre 1788.

Enfuite il a été fait lecture d'une lettre clofe, adreffée par Sa Majefté à M. l'Archevêque de Vienne.

« Monf. l'Archevêque de Vienne , ayant fixé
» au 1er Novembre prochain l'Ouverture des
» Etats de ma Province de Dauphiné , auxquels
» j'ai permis de s'affembler dans ma ville de
» Romans , je vous ordonne d'y affifter & de
» les préfider ; je ne doute pas que la ma-
» nière dont vous vous acquitterez des fonc-
» tions importantes que vous allez y remplir,
» fonctions auxquelles vous avez été appellé par
» vos lumières & par votre zèle pour le bien
» public , autant que par le vœu unanime des
» Trois-Ordres, ne juftifie pleinement la con-
» fiance qu'infpire la réputation méritée que
» vous vous êtes acquife. Mon intention eft
» qu'auffi-tôt que la préfente vous fera par-
» venue , vous faffiez connoître , & l'époque de
» l'Ouverture defdits Etats , & le lieu de leurs
» Séances , à tous les Corps & Particuliers des
» Trois-Ordres de madite Province , auxquels
» l'Arrêt rendu en mon Confeil, le 22 du pré-
» fent mois, donne le droit d'y être repré-
» fentés par les Députés; que vous leur man-
» diez de ma part que je les autorife à s'affem-
» bler pour procéder en la forme prefcrite par
» ledit Arrèt, au choix defdits Députés, afin

» que, cette Election faite, vous envoyiez à
» chacun desdits députés une lettre, par la-
» quelle vous les convoquiez, en mon nom,
» à l'Assemblée desdits Etats. Je vous donne,
» à cet effet, pouvoir & mandement spécial ;
» sur ce, je prie Dieu qu'il vous ait, Monf.
» l'Archevêque de Vienne, en sa sainte garde.
» Ecrit à Versailles, le 24 Octobre 1788. *Signé*,
» LOUIS. DE LOMENIE, COMTE DE BRIENNE ».

M. le Président a dit qu'il falloit délibérer sur
le choix des Commissaires qui seroient chargés
d'examiner les Lettres-Patentes & le Réglement,
& d'en faire le rapport à l'Assemblée. Il a été
délibéré que cet examen seroit confié aux mêmes
Commissaires choisis dans la précédente Assemblée, & qu'on se borneroit à remplacer les morts
ou les absents ; &, conformément à cette Délibération, ont été nommés M. l'Abbé Barthelemy,
M. le Commandeur de Rigaud, M. l'Abbé de
Dolomieu, M. Brochier & M. le Marquis de
Veynes. M. le Marquis de Saint-Vallier ayant
été nommé en l'absence de M. de Tardivon, &
celui-ci étant arrivé, MM. les Commissaires ont
prié M. de Saint-Vallier de s'occuper, avec eux,
de l'examen qui leur est confié.

M. le Président a dit que pour laisser à MM. les
Commissaires le temps nécessaire pour préparer
leur rapport, la Séance devoit être renvoyée

à Mercredi, cinq du courant, à quatre heures du foir, & il a figné :

† *J. G. Archev. de Vienne, Préfident.*

MOUNIER, *Secretaire.*

Du Mercredi , cinq Novembre , à quatre heures du foir.

M. le Comte de Morges, Préfident de la No-bleffe, a dit qu'il feroit convenable de conferver dans les regiftres de l'Affemblée, le fouvenir de la conduite généreufe & patriotique de MM. de Mayen & Revol , premier & fecond Confuls de Grenoble.

L'Affemblée a répondu par des acclamations.

M. Revol a dit.

« Meffieurs, c'eft aux Citoyens des Trois-
» Ordres de la ville de Grenoble que font dus
» les fentimens dont vous voulez bien hono-
» rer leurs Confuls. Pénétrés de l'idée que le
» zèle ardent que tous les Citoyens doivent à
» la Patrie avoit été notre feul mérite, & que
» la fatisfaction de voir fon bonheur devoit être
» notre feule récompenfe, jugez, MESSIEUS,
» avec combien de reconnoiffance nous rece-

» vons aujourd'hui les fuffrages de votre augufte Affemblée ».

Enfuite le Secretaire a fait lecture du travail
de MM. les Commiffaires fur le Réglement de
Sa Majefté ; plufieurs réferves & modifications
ont été délibérées par l'Affemblée.

M. le préfident a renvoyé la Séance à Jeudi,
à dix heures du matin, & il a figné :

† *J. G. Archev. de Vienne, Préfident.*

MOUNIER, *Secretaire.*

*Du Jeudi, fix Novembre, à dix heures
du matin.*

L'EXAMEN du travail de MM. les Commiffaires a été continué par l'Affemblée.

M. le Préfident a renvoyé la Séance à quatre
heures du foir, & a figné :

† *J. G. Archev. de Vienne, Préfident.*

MOUNIER, *Secretaire.*

Dudit fix Novembre, à quatre heures du foir.

L'Affemblée a repris l'Examen du travail de
MM. les Commiffaires.

La matière mife en délibération, le Réglement fait par Sa Majesté, en son Conseil, le 22 Octobre dernier, & les Lettres-Patentes du 24 du même mois, par lesquelles il est adressé aux Trois-Ordres de la Province, ayant été vérifiés & examinés, il a été unanimement arrêté que l'Assemblée accepte, avec reconnoissance, ledit Réglement, néanmoins sous les réserves & modifications ci-après apposées, sous le bon plaisir du Roi; qu'en conséquence, lesdits Réglement & Lettres-patentes seront enregistrées pour être observés suivant leur forme & teneur, sous lesdites réserves & modifications qui seront transcrites à la suite des Réglement & Lettres-Patentes.

Suit la teneur desdits Réglement & Lettres-Patentes.

ARRÊT DU CONSEIL D'ÉTAT DU ROI,

Portant Réglement pour la nouvelle formation des Etats de la Province de Dauphiné.

Extrait des Registres du Conseil d'Etat.

LE ROI, par l'Arrêt de son Conseil du 2 Août, a ordonné qu'il se tiendroit, le le 30 du même mois, dans la ville de Romans, une Assemblée des Trois-Ordres du Dauphiné, afin d'avoir leur vœu, & de recevoir leurs Mémoires sur une nouvelle formation des Etats de la Province. Sa Majesté s'est fait rendre compte du projet qui a été adopté dans ladite Assemblée : Elle a remarqué, avec une parfaite satisfaction, les vues sages & bien combinées qui ont été suivies pour assurer une juste représentation des différentes parties de la Province, & pour déterminer l'ordre des Elections, leur renouvellement successif, & l'organisation intérieure des Etats. Sa Majesté a approuvé dans son entier, & sans aucune modification, toute cette partie du plan arrêté dans l'Assemblée de Romans ; mais elle a suspendu sa décision sur les dispositions qui, par leur importance, lui ont paru devoir être renvoyées à la délibération des Etats - Généraux ; & en apportant, par d'autres considérations, quelques changemens à un petit nombre d'articles, Elle a voulu que ses motifs fussent parfaitement connus, & Elle a autorisé ses Commissaires à en donner communication aux Trois-Ordres de la Province assemblés à Romans. Sa Majesté sera toujours disposée à écouter les observations qui tendront à éclairer sa justice, & qui pourront seconder le desir qu'Elle a de concourir à la satisfaction de sa Province de Dauphiné.

Elle

Elle ne tiendra jamais irrévocablement qu'aux principes effentiels de l'ordre public, & aux difpofitions qui feront fondées fur les Loix de fon Royaume, & fur les antiques ufages de la Monarchie. A quoi voulant pourvoir : Ouï le rapport ; LE ROI ÉTANT EN SON CONSEIL. a ordonné & ordonne ce qui fuit :

ARTICLE PREMIER.

LES Etats de Dauphiné feront formés par cent quarante-quatre Repréfentans ou Députés des Trois-Ordres de la Province, favoir ;

Vingt-quatre Membres du Clergé, quarante-huit de la Noblefle, & foixante-douze du Tiers-Etat.

I I.

NUL ne pourra être admis aux Etats, ni voter pour la nomination des Repréfentans, qu'il ne foit âgé de vingt-cinq ans accomplis, & domicilié dans le Royaume, ou dans le Comtat d'Avignon ou Venaiffin.

I I I.

AUCUN Membre des Etats ne pourra s'y faire repréfenter par Procureur.

I V.

LA repréfentation du Clergé fera formée par

C

trois Archevêques ou Evêques , trois Commandeurs de Malthe , fept Députés des Eglifes
Cathédrales , favoir ; un de celle de Vienne , un
de celle d'Embrun , un de celle de Grenoble ,
un de celle de Valence , un de celle de Gap , un
de celle de Die , & un de celle de Saint-Paul-
Trois-Châteaux ; cinq Députés des Eglifes Collégiales , favoir : un de celle de Saint-Pierre &
de Saint-Chef de Vienne , un de Saint-André
de Grenoble , un de Saint-Barnard de Romans ,
un de celle de Creft , & un de celle de Montelimar ; deux Curés Propriétaires , deux Députés des Abbés , Prieurs - Commandataires ,
Prieurs fimples , Chapelains & autres Bénéficiers ; un député des Ordres & Communautés
régulieres d'Hommes , y compris celle des Religieux hofpitaliers de Saint - Jean - de - Dieu , à
l'exception néanmoins des Religieux mendians ;
un Député des Abbayes & Communautés régulieres de Filles , à l'exception des Communautés
mendiantes , pris parmi le Clergé féculier ou
régulier de chacune defdites Communautés.

V.

L'ÉLECTION des Députés fera faite de la
manière fuivante. Les Archevêques ou Evêques
s'éliront entr'eux ; les Commandeurs de Malthe
feront nommés par leurs Chapitres ; ceux des

Eglifes Cathédrales & Collégiales le feront également par leurs Chapitres. Les Curés feront choifis alternativement dans chaque Diocefe, fuivant l'ordre ci-après, favoir, Vienne & Embrun, Grenoble & Valence, Die & Gap, Saint-Paul-Trois-Châteaux & Vienne, & ainfi fucceffivement. L'Election defdits Curés fe fera dans une Affemblée formée d'un Député de chaque Archi-Prêtré, & tenue devant les Evêques des Diocèfes en tour pour députer.

V I.

LES Curés de la Province dont les Bénéfices dépendent des Diocèfes étrangers, fe réuniront, favoir; ceux du Diocèfe de Lyon, au Diocèfe de Vienne; ceux du Diocèfe de Belley, à celui de Grenoble; ceux des Diocèfes de Sifteron & de Vaifon, à celui de Saint-Paul-Trois-Châteaux, & y enverront les Députés de leur Archi-Prêtré pour concourir aux Elections.

V I I.

LES deux Députés des Abbés & Prieurs-Commandataires, Prieurs fimples, Chapelains & autres Bénéficiers, feront auffi choifis alternativement dans chaque Diocèfe, fuivant l'ordre prefcrit par l'article V, & leur Election fe fera dans une Affemblée convoquée devant les Evêques des Diocèfes qui feront en tour de dépu-

ter, à laquelle feront appellés les Abbés, Prieurs
& autres Bénéficiers fimples, dont les Bénéfices
fitués dans la Province, feront dépendans des
Diocèfes étrangers, en fuivant l'ordre expliqué
par l'article VI.

V I I I.

LE Député des Ordres & Communautés régulieres d'Hommes, fera pris alternativement
dans chaque Diocèfe, en commençant par celui
de Vienne, & en obfervant que les Communautés régulières des Diocèfes d'Embrun & de
Gap fe réuniront à celui de Grenoble, pour
ne former entr'elles qu'un feul Député ; que
celles des Diocèfes de Die & Saint-Paul-Trois-
Châteaux fe réuniront à celui de Valence ; leur
Election fera faite dans une Affemblée compo-
fée d'un Député de chacune des Communautés régulières, à laquelle feront appellés, dans
l'ordre expliqué ci-deffus, un Député des Communautés régulières des Diocèfes étrangers, &
qui fera tenue pardevant l'Evêque du Diocèfe
de la Province en tour de députer.

I X.

LE Repréfentant des Communautés de filles
fera élu alternativement dans chaque Diocèfe, fuivant l'ordre expliqué par l'article V,
& dans une Affemblée formée par les Députés

du Clergé féculier ou régulier de chacune defdites Communautés, laquelle fera tenue devant
l'Evêque du Diocèfe en tour de députer.

X.

Les Etats s'occuperont le plutôt poffible de
divifer la Province en arrond:ffemens ou diftricts, & d'y répartir les Députés fuivant les
proportions qu'ils jugeront convenables ; mais
pour la première convocation feulement, on
fuivra la divifion des Refforts des fix Elections,
dans lefquelles les Députés feront répartis de
la manière ci-deffous indiquée, d'après les rap-
ports combinés du nombre des feux, de celui
des habitans, & de la fomme de leurs impofitions.

X I.

La Nobleffe, pour l'élection de fes Membres,
s'affemblera par diftrict devant un Syndic qu'elle
nommera dans chacun de ces diftricts ; elle ré-
partira ces Députés fuivant les arrondiffemens
qui feront formés par les Etats, & fuivant la
proportion qui fera par eux indiquée en exécution de l'article ci-deffus : & en attendant cette
formation, les Membres de cet Ordre s'affem-
bleront dans le chef-lieu des Elections, & nommeront, par la voie du fcrutin, onze Députés
pour le reffort de l'Election de Grenoble, douze

pour celle de Vienne, sept pour celle de Romans, cinq pour celle de Valence, six pour
celle de Gap & sept pour celle de Montelimar.
Le procès-verbal de leur nomination sera envoyé au Secrétaire des Etats, & l'on y inscrira
le nom des quatre personnes qui auront réuni
le plus de voix après les Députés, dans l'ordre
indiqué par la pluralité des suffrages.

X I I.

Pour pouvoir être Electeur dans l'Ordre de
la Noblesse, il suffira d'avoir la Noblesse acquise
& transmissible, & de posséder une propriété
dans le district.

X I I I.

Pour être éligible dans le même Ordre, il
faudra faire preuve de quatre générations, faisant cent ans de Noblesse; avoir la libre administration d'immeubles, féodaux ou ruraux,
situés dans l'arrondissement, & soumis à *cinquante livres* d'impositions royales foncières, sans
qu'il soit nécessaire d'y être domicilié.

X I V.

Aucun Noble ne pourra être électeur ni éligible en deux districts à la fois. Le Syndic de
la Noblesse de chaque district, tiendra un rôle,
dans lequel se feront inscrire les Membres de
cet Ordre, qui pourront être électeurs ou éli-

gibles, & cette infcription déterminera irrévocablement pour quatre ans le diftrict dans lequel
ils pourront élire ou être élus, fans qu'il foit
permis, pendant cet intervalle, de fe faire inf-
crire dans un autre, à moins qu'on n'ait ceffé
d'être propriétaire dans le premier.

X V.

LES maris dont les femmes auront des biens
foumis à *cinquante livres* d'impofitions royales
foncières, pourront être électeurs & éligibles.
Il en fera de même des veuves propriétaires qui
pourront fe faire repréfenter par un de leurs
enfans majeur, en vertu d'une procuration, au
moyen de laquelle ils feront électeurs & éligibles. Les difpofitions de cet article auront lieu
pour le Tiers-Etat.

X V I.

LES Eccléfiaftiques & les Nobles ne pourront
être admis parmi les Repréfentans du Tiers-
Etat, ni affifter aux Affemblées qui feront te-
nues pour nommer les Députés de cet Ordre.

X V I I.

LORS de la première nomination des Repréfentans du Tiers-Etat, le diftrict de l'Election de
Grenoble fournira dix-fept Députés; celui de
Vienne dix-huit; celui de Romans dix; celui
de Valence fept; celui de Gap neuf; & celui de

C 4

Montelimar onze, dans lequel nombre feront compris les Députés des villes, ci-après nommés, favoir; trois pour la ville de Grenoble, deux pour chacune des villes de Vienne, Valence & Romans, & un pour chacune des villes de Gap, Embrun, Briançon, Montelimar, Saint Marcellin, Die, Creft & le Buis; fauf aux Etats à régler définitivement quelles villes doivent avoir des Députés particuliers, leur nombre & la répartition des Députés des autres villes, bourgs & Communautés pour chaque diftrict.

XVIII.

Nul ne pourra être Repréfentant de l'Ordre du Tiers dans les Etats, qu'il n'ait la libre adminiftration de propriétés fituées dans l'arrondiffement où il devra être élu, & foumis à *cinquante livres* d'impofitions royales foncières; à l'exception du Briançonnois & de la vallée de Queyras, où il fuffira de payer *vingt-cinq livres* d'impofitions royales foncières, fans préjudice néanmoins des difpofitions portées par l'article XV.

XIX.

Ne pourront être élus ceux qui font chargés directement ou indirectement d'aucune adjudication ou entreprife d'ouvrage public aux frais de la Province.

X X.

AUCUNE perſonne employée en qualité d'A-
gent ou Collecteur pour la levée des rentes,
dîmes & devoirs ſeigneuriaux, ne pourra être
élue tant qu'elle ſera aux gages du Seigneur ou
Propriétaire qui l'emploiera.

X X I.

A l'égard des Fermiers que la Délibération de
l'Aſſemblée excluroit des Etats pendant la durée
de leur ferme, Sa Majeſté ne pouvant point
admettre, ſans réſerve, cette excluſion, même
pour la première élection, veut qu'on puiſſe en
élire un dans chacun des ſix Diſtricts qui partagent la Province, ſans que cette limitation
doive être regardée comme définitivement éta-
blie ; Sa Majeſté ſe réſervant de ſtatuer, d'après
une plus ample inſtruction, ſur le droit que peuvent avoir tous les Fermiers indiſtinctement,
d'être admis aux Etats, quand ils ont d'ailleurs
les qualités requiſes.

X X I I.

LE ROI ayant égard au vœu des Trois-Ordres,
permet proviſoirement, & pour la première
Election, qu'on ne puiſſe élire les Subdélégués
du Commiſſaire départi, leurs Commis & Se-
crétaires, non plus que ceux qui exercent quel-

ques charges, emplois ou commiffions, médiates
ou immédiates, dans toutes les parties des finances de Sa Majefté.

X X I I I.

DANS l'Ordre du Tiers-Etat, nul ne pourra
être électeur ni éligible en deux lieux à la fois.
Il fera fait tous les deux ans, par les Officiers
municipaux de chaque lieu, un rôle des Electeurs & des Eligibles. Lorfqu'on y aura été
infcrit, on ne participera point aux Elections
qui fe feront dans d'autres Communautés. On
ne pourra être infcrit dans le rôle d'une autre
Communauté, qu'après le terme de quatre ans,
à moins que pendant cet intervalle on n'ait ceffé
d'être propriétaire dans la première.

X X I V.

LES villes qui auront des Députés particuliers,
les enverront directement aux Etats, & les nommeront par la voie du fcrutin dans leurs Affemblées municipales, auxquelles feront appellés
un Syndic de chaque corporation du Tiers-Etat,
& les Propriétaires domiciliés du même Ordre,
payant, favoir; dans la ville de Grenoble, *qua-
rante livres* d'impofitions royales foncières, *vingt
livres* dans celles de Vienne, Valence & Romans
& dans les autres *dix livres.*

X X V.

DANS les autres lieux , même dans ceux qui font régis par l'Edit municipal , les Communautés tiendront chacune des Affemblées particulières , aux formes ordinaires ; pourront néanmoins, celles qui n'ont point de Municipalités , tenir leurs Affemblées devant les Confuls , en l'abfence des Châtelains. Ces Affemblées feront indiquées par affiches huitaine à l'avance. Dans les Communautés qui ont des Corps municipaux , on convoquera les Propriétaires payant *dix livres* d'impofitions royales foncières , & dans les autres, tous les Propriétaires payant *fix livres.* On convoquera également dans toutes les Communautés les Propriétaires forains , qui , payant les mêmes charges , auront été infcrits dans le rôle des Electeurs.

X X V I.

DANS lefdites Affemblées, les Communautés qui n'auront que cinq feux & au-deffous, nommeront chacune un Député , lequel fe rendra au-lieu deftiné pour l'Affemblée de l'arrondiffement ; celles qui auront un plus grand nombre de feux , nommeront un Député par cinq feux, fans égard au nombre intermédiaire , fauf aux Etats à régler le nombre des Députés des Communautés , fuivant une proportion plus jufte,

s'ils peuvent y parvenir. Les Députés ne pourront être choisis que parmi les Propriétaires
domiciliés ou forains, qui auront été inscrits
dans les rôles des éligibles, & qui auront les
qualités prescrites pour être élus aux Etats,
sans qu'il soit nécessaire d'être présent à l'Assemblée pour être élu.

X X V I I.

LES Etats indiqueront les chefs-lieux d'arrondissement ailleurs que dans les villes qui ont
des députés particuliers ; & pour la première
convocation, les Députés de l'Election de Grenoble se réuniront à Vizille ; ceux de l'Election
de Vienne à Bourgoin ; & ceux de l'Election de
Romans, à Beaurepaire ; ceux de l'Election de
Valence à Chabeuil ; ceux de l'Election de Gap,
à Chorges ; & ceux de l'Election de Monteli-
mart, à Dieu-le-Fit.

X X V I I I.

LES Députés des Communautés rassemblés
dans le chef-lieu du district ou de l'arrondissement, éliront parmi eux, par la voie du Scrutin,
un Président & un Secrétaire. Ils nommeront
également, par la même voie, ceux qui devront
représenter le district aux Etats. Le Procès-Verbal de cette nomination sera envoyé au Secrétaire des Etats, & l'on y inscrira le nom des six

perfonnes qui auront réuni le plus de voix, après les Députés élus dans l'ordre indiqué par la pluralité des fuffrages.

X X I X.

LE Roi fera convoquer les Etats chaque année au mois de Novembre. Ils pourront , à la fin de chaque Affemblée, exprimer leur vœu fur le lieu où devra fe tenir l'Affemblée de l'année fuivante.

X X X.

LES Députés des différens Ordres, fans aucune diftinction, recevront *fix livres* par jour , fans que ce paiement puiffe continuer pendant plus de trente jours, y compris le tems néceffaire pour leur voyage, quand même la tenue des Etats feroit prorogée au-delà de ce terme.

X X X I.

LES Etats choifiront leur Préfident parmi les Membres du premier ou fecond Ordre de la Province , ayant les qualités requifes pour être admis aux Etats , & ce Préfident devra être agréé par Sa Majefté. Il fera élu au Scrutin dans le cours de la quatrième année, pour entrer en fonctions l'année fuivante ; & celui des deux premiers Ordres, dans lequel le Préfident aura été nommé, aura un Député de moins , le Préfident devant être compté parmi les Membres dès Etats.

X X X I I.

LES Etats nommeront deux Procureurs-Gé-néraux-Syndics, l'un pris dans le premier ou le second Ordre, & l'autre dans celui du Tiers. Ils choisiront dans ce dernier Ordre un Secrétaire qui ne fera point partie des cent quarante-quatre Députés, fera révocable à volonté & n'aura que voix instructive.

X X X I I I.

LE Roi autorise les Etats à choisir, pour les Recettes & Dépenses particulières de la Pro-vince, un Trésorier qui fera domicilié en Dau-phiné, ainsi que fes cautions; il ne fera point Membre des Etats, & ne pourra y entrer que lorsqu'il fera appellé; il fera également révo-cable à volonté.

X X X I V.

LES Etats éliront, parmi leurs Membres, deux personnes du Clergé, quatre de la No-blesse & fix du Tiers-Etat, y compris les deux Procureurs-Généraux-Syndics; ces douze person-nes, avec le Secrétaire, formeront la Commif-fion intermédiaire; les Membres de cette Com-miffion feront choisis de manière qu'il s'y trouve des Députés de chaque diftrict.

X X X V.

TOUTES les nominations feront faites par

la voie du Scrutin, & il fera repris jufqu'à ce
que l'une des Perfonnes défignées ait réuni
plus de la moitié des fuffrages.

X X X V I.

POUR feconder les travaux de la Commiffion intermédiaire, les Etats pourront établir
dans leurs arrondiffemens , de la manière qu'ils
jugeront convenable, des Correfpondans qui
feront choifis parmi les perfonnes députées aux
Etats.

X X X V I I.

LA Commiffion intermédiaire élira fon Préfident par la voie du Scrutin, dans l'un des deux
premiers Ordres.

X X X V I I I.

LE Préfident , foit des Etats, foit de la Commiffion intermédiaire, fera remplacé, en fon
abfence, s'il eft de l'Ordre de l'Eglife, par le
plus âgé des Gentilshommes, & s'il eft de
l'Ordre de la Nobleffe, par celui qui fe trou-
vera avoir la première Séance dans l'Ordre du
Clergé.

X X X I X.

LA Commiffion intermédiaire tiendra fes
Séances à Grenoble, fauf aux Etats à demander
au Roi qu'elle fût placée dans un autre lieu,
fi le bien du fervice l'exigeoit. Les Membres de

cette Commiſſion ne pourront s'abſenter ſans une néceſſité indiſpenſable, que pendant trois mois de l'année, de manière cependant qu'ils reſtent toujours au nombre de huit dans le lieu de ſon établiſſement, & les Procureurs-Généraux-Syndics ne pourront jamais s'abſenter tous deux à la fois.

X L.

L a Commiſſion intermédiaire s'aſſemblera au moins une fois par ſemaine, mais le Préſident pourra convoquer, & les Syndics pourront requérir des Aſſemblées plus fréquentes, toutes les fois que le bien du ſervice leur paroîtra l'exiger.

X L I.

L e s Membres de la Commiſſion intermédiaire ne pourront prendre aucune Délibération qu'ils ne ſoient au nombre de ſept.

X L I I.

L e s Membres des Etats reſteront en place pour la première fois pendant quatre ans, ſans aucun changement, & après ce terme, il ſera élu un nouveau Préſident, & la moitié des Députés dans chaque Ordre & dans chaque Diſtrict, ſortira par la voie du ſort; deux ans après l'autre moitié ſe retirera, & enſuite tous les deux ans la moitié ſortira par ancienneté,

de

de manière qu'à l'avenir aucun des Membres ne reste dans les Etats plus de quatre ans, à l'exception des Procureurs - Généraux - Syndics qui pourront être continués par une nouvelle Election, pour quatre années seulement; ils ne pourront néanmoins être changés tous les deux en même-tems; & à cet effet, pour la première fois, l'un des deux Procureurs-Généraux-Syndics se retirera par le sort, à l'expiration des quatre premières années, & l'autre après six ans.

X L I I I.

Au premier changement de la moitié des Membres des Etats, on fera sortir, par la voie du sort, un Archevêque ou Evêque, deux Commandeurs de Malthe, trois Députés des Eglises cathédrales, trois Députés des Eglises Collégiales, un Curé, un Député des Abbés, Prieurs & autres Bénéficiers simples, & un Syndic des Communautés régulières. Au second changement, sortiront deux Archevêques ou Evêques, un Commandeur de Malthe, quatre Députés des Eglises Cathédrales, deux Députés des Eglises Collégiales, un Curé, un Député des Abbés, Prieurs & Bénéficiers simples, & un Syndic des Communautés régulières.

X L I V.

Nul ne pourra être élu, de nouveau,

D

Membre des Etats, qu'après un intervalle de deux ans, depuis qu'il en fera forti.

X L V.

ON fera connoître à tems ceux des Membres des Etats, qui, par le fort, auront été obligés de fe retirer, afin que les divers Corps du Clergé, de la Noblesse & du Tiers-Etat, dans chaque District, puiffent les remplacer; il en fera ufé de même par la Commiffion intermédiaire qui fera renouvellée par les Etats aux mêmes époques.

X L V I.

LORSQU'IL vaquera des places dans les Etats, avant les époques où les Membres doivent être renouvellés par moitié, les différens Corps du Clergé procéderont à de nouvelles élections, fuivant les formes prefcrites; & quant aux Députés de la Noblesse & du Tiers-Etat, ils feront alors remplacés, dans les divers diftricts, par ceux qui fuivant le réfultat du Scrutin, auront, dans la nomination précédente, réuni le plus de fuffrages après les perfonnes élues. Ceux qui feront admis à remplir les places ainfi vacantes, ne pourront refter dans les Etats que jufques au terme où auroient dû en fortir les Députés auxquels ils ont fuccédé, à moins qu'ils ne foient élus de nouveau, dans les Affemblées de diftrict.

XLVII.

LORSQUE les places vaqueront de la même manière dans la Commiffion intermédiaire, elle pourra y nommer des Membres des Etats, pris dans le même Ordre & dans le même Diftrict; & dans le cas où l'une des places des deux Procureurs-Généraux-Syndics viendroit à vaquer, elle pourra en confier les fonctions à l'un de fes Membres, & ces différentes nominations n'auront lieu que jufqu'à la première convocation des Etats.

XLVIII.

LES Etats feront la répartition & affiette de toutes les impofitions foncières & perfonnelles, tant de celles qui feront deftinées pour le Tréfor royal, que de celles qui feront relatives aux befoins de la Province : ils ordonneront, fous l'autorité du Roi, la confection de tous les chemins, ponts & chauffées, canaux, digues, & autres ouvrages publics, qui fe feront aux frais de la Province; ils en furveilleront l'exécution, & ils en pafferont les adjudications par eux, ou par la Commiffion intermédiaire, ou par autres délégués.

XLIX.

LES Etats feront chargés de la diftribution des dégrévemens accordés par le Roi; ils pourront arrêter, fous le bon plaifir de Sa Majefté, les récompenfes, les indemnités & les encourage-mens qu'ils trouveront convenables pour l'Agri-culture, le Commerce & les Arts.

L.

LE Roi autorife les Etats & la Commiffion intermédiaire à vérifier les comptes des Com-munautés, & à déterminer, fur leur requête, les dépenfes relatives aux réparations des Eglifes, Presbytères, & autres dépenfes particulières à chaque Communauté, lorfqu'elles n'excéderont pas à la fois la fomme de *fix cens livres*. Pour-ront également les Etats ou la Commiffion in-termédiaire, permettre, jufqu'à concurrence de la même fomme, telle levée de deniers ou impofition locale qui fera délibérée par cha-cune des Communautés, pour acquitter les dépenfes autorifées comme ci-deffus. Entend toutefois Sa Majefté que les Etats requerront fon approbation fur la demande des Commu-nautés, lorfque les dépenfes ou les impofitions locales, dont elles folliciteront l'autorifation, s'éleveront à une plus forte fomme.

L I.

LES villes de la Province qui auront à fol-liciter l'autorifation de quelques dépenfes nou-velles, la création, l'augmentation, ou la prorogation de quelque octroi ou de quelque autre impofition locale, pour y fubvenir, enverront leur Requête à l'Affemblée des Etats, ou à la Commiffion intermédiaire, qui fera tenue de les adreffer, avec fon avis, au Confeil. Sa Majefté fe réferve de faire connoître fes intentions fur la vérification des comptes des villes, d'après les nouveaux éclairciffemens qu'elle prendra à cet égard.

L I I.

LE Roi fe réferve pareillement d'attribuer fucceffivement aux Etats & à la Commiffion intermédiaire, la furveillance fur d'autres objets d'adminiftration intérieure, & Sa Majefté autorife & invite lefdits Etats & leur Commiffion intermédiaire à lui adreffer, dans toutes les circonftances, telles repréfentations qu'ils jugeront utiles au bien de la Province.

L I I I.

LES Etats ne pourront faire aucun emprunt, ni impofer aucune fomme pour leurs affaires particulières, qu'après avoir obtenu la permiffion de Sa Majefté, & fous la condition qu'ils ne feront jamais aucun emprunt, qu'en deftinant préalablement les fonds néceffaires pour le paiement des intérêts & le remboufement des capitaux, à des époques fixes & déterminées.

L I V.

TOUS les ans, avant leur clôture, les Etats remettront à la Commission intermédiaire une instruction sur les objets dont elle devra s'occuper, & de l'exécution desquels elle rendra compte lors de leur prochaine convocation.

L V.

LA Commission intermédiaire ne pourra prendre des délibérations, que pour exécuter celles de la dernière Assemblée des Etats, à l'exception des objets qu'il seroit impossible de différer jusqu'à la première Assemblée des Etats, & sous la réserve expresse de leur approbation.

L V I.

DANS les Etats & la Commission intermédiaire, il ne pourra être pris de délibération que par les Trois-Ordres réunis : pourra néanmoins l'un des Ordres faire renvoyer jusqu'au jour suivant une délibération proposée.

L V I I.

LES Procureurs-Généraux-Syndics pourront présenter des Requêtes, former des demandes devant tous Juges compétens, & intervenir dans toutes les affaires qui pourroient intéresser la Province, les Communautés & les

Particuliers, après y avoir été autorifés par les Etats ou la Commiffion intermédiaire.

L V I I I.

Les Etats nommeront chaque année une Commiffion particulière , pour recevoir les comptes que le Tréforier aura rendu à la Commiffion intermédiaire , & pour examiner ceux qui ne l'auront pas été ; & d'après le rapport des Commiffaires, ils arrêteront tous les comptes de l'année.

L I X.

Le Tréforier ne pourra difpofer d'aucunes fommes , fans un mandat exprès des Etats ou de la Commiffion intermédiaire.

L X.

Le tableau de fituation des fonds du Pays, par recette & par dépenfe , l'état motivé & nominatif de la répartition des dégrévemens, indemnités, encouragemens , gratifications, feront inférés dans les procès-verbaux des Affemblées, & rendus publics chaque année par la voie de l'impreffion ; il en fera envoyé un exemplaire au Confeil du Roi : pourront les Etats ou la Commiffion intermédiaire en envoyer un exemplaire à chaque Communauté , pour y être dépofé dans fes archives.

D 4

L X I.

LES Etats fixeront le traitement du Préfident, des autres Officiers de la Commiffion intérmédiaire & des Correfpondans ; ils régleront les frais de bureau, & autres dépenfes néceffaires ; tous ces frais, après qu'ils auront été autorifés par Sa Majefté, feront fupportés par les Trois-Ordres.

Et feront, fur le préfent Arrêt, expédiées toutes Lettres à ce néceffaires.

FAIT au Confeil d'Etat du Roi, fa Majefté y étant, tenu à Verfailles le vingt-deux Octobre mil fept cent quatre-vingt-huit.

Signé, DE LOMÉNIE, Cte DE BRIENNE.

TENEUR des Lettres Patentes, revêtues du Sceau delphinal.

LOUIS, PAR LA GRACE DE DIEU, ROI DE FRANCE ET DE NAVARRE, DAUPHIN DE VIENNOIS, COMTE DE VALENTINOIS ET DIOIS : A nos très-chers & bien amés les Repréfentans des Trois-Ordres de notre Province de Dauphiné, affemblés à Romans, en conféquence de la permiffion que Nous leur en avons accordée ; SALUT : Nous ne pouvons mieux vous

témoigner combien nous fommes fatisfaits du
zèle que vous avez montré pour le bien public, & combien nous fommes fenfibles à l'attachement dont vous faites profeffion pour notre
Perfonne; qu'en vous adreffant Nous-mêmes
le Réglement que nous venons d'arrêter dans
notre Confeil, pour la formation des Etats de
Dauphiné. Nous avons chargé notre cher &
bien Amé le fieur Comte de Narbonne Frizlar,
Lieutenant-Général de nos armées, Commandant pour notre fervice en cette Province, &
notre Amé & Féal le fieur Caze de la Bove,
Maître des Requêtes honoraire de notre Hôtel,
Intendant de juftice, Police & Finance dans la
même Province, ou l'un d'eux en l'abfence de
l'autre, d'affifter à votre Affemblée en qualité
de nos Commiffaires, & de vous faire connoître nos intentions. Voulons que vous ayez,
en ce qu'ils vous diront de notre part, la même
confiance que vous auriez en ce que nous vous
dirions nous-mêmes, fi nous étions préfens en
Perfonne. Nous defirons que nos vues, pour
l'avantage & la profpérité d'une Province qui
Nous eft chère, aient le fuccès que Nous atten-
dons : & certains que vous vous ferez un devoir
d'y contribuer en tout ce qui dépendra de vous,
Nous vous invitons à les feconder ; Car tel eft
notre plaifir. DONNÉ à Verfailles, le vingt-qua-

trième jour d'Octbre, l'an de grace mil sept cent quatre-vingt-huit, & de notre règne le quinzième. *Signé*, LOUIS. *Par le Roi Dauphin*, DE LOMÉNIE, COMTE DE BRIENNE.

Réserves & modifications appofées au Réglement ci-deffus, fous le bon plaifir de Sa Majefté.

1°. SUR l'art. 19 du Réglement, qu'on ne pourra élire ceux qui font chargés directement ou indirectement d'aucune Adjudication ou entreprife d'ouvrages publics, de même que leurs cautions; & ne pourront non plus être élues les cautions du Tréforier des Etats.

2°. Sur l'art. 20, que pour prévenir les difficultés fur le fens de cet article, l'Affemblée déclare entendre, conformément aux intentions de Sa Majefté, qu'on ne pourra élire aucune perfonne employée, foit en qualité d'Agent, foit en qualité de Collecteur des Rentes, Dîmes & Droits feigneuriaux, pendant qu'ils feront aux gages du Seigneur ou Propriétaire qui les emploiera.

3°. Sur l'art. 21, que les Fermiers, ainfi que leurs cautions, ne pourront être élus pendant la durée de leurs fermes.

4°. Sur l'art. 22, qu'il sera considéré comme définitif en l'état, attendu l'incompatibilité des fonctions des personnes mentionnées en cet article, avec les fonctions des Membres des Etats ; & les Trois-Ordres déclarent qu'ils s'empresseront d'accepter le changement de cette disposition, si un nouvel ordre de choses faisoit cesser l'incompatibilité.

5°. Sur l'art. 28, que ceux qui devront représenter les districts aux états, seront choisis parmi les Députés des Communautés.

6°. Sur l'art. 31, que le Président sera élu dans les premières Séances de la quatrième année, pour qu'il puisse toujours être agréé par Sa Majesté avant la séparation des Etats.

7°. Sur l'art. 41, que dans le nombre de sept, pourront être compris les Procureurs-Généraux-Syndics.

8°. Sur l'art. 44, que nul ne pourra être élu de nouveau Membre des Etats, qu'après un intervalle de quatre ans, depuis qu'il en sera sorti.

9°. Sur l'art. 48, que les Etats, sous l'autorité du Roi, ordonneront la confection de tous les ouvrages publics qui se feront aux frais de la Province, en tout ou en partie, & détermineront l'emploi de toutes les sommes im-

poſées ſur la Province, qui ne ſeront pas deſ-
tinées pour le Tréſor royal.

10°. Sur l'art. 51, que les Etats pourront
ſe faire repréſenter tous les comptes des Villes,
même ceux qui ſont relatifs à leurs biens pa-
trimoniaux, & prendre connoiſſance deſdits
comptes toutes les fois qu'ils le jugeront convenable, & les Etats ſont chargés de ſolliciter
le Réglement que Sa Majeſté a eu la bonté
d'annoncer pour cet objet.

11°. Sur l'art. 57, que les Etats, la Commiſſion intermédiaire & les Procureurs-Généraux-Syndics veilleront à ce que les droits
& priviléges du Dauphiné, & notamment celui
qui ne permet pas que les Dauphinois ſoient
diſtraits du reſſort des Tribunaux de la Province, ne ſoient pas enfreints, contre la pro-
meſſe & les intentions de Sa Majeſté; & toute
loi nouvelle, avant ſon enregiſtrement dans
les Cours, ſera communiquée aux Procureurs-
Généraux-Syndics, afin qu'il en ſoit délibéré
conformément aux droits & priviléges de la
Province.

12°. Que l'Aſſemblée perſiſte dans ſes précédentes réſolutions, relatives à l'Election des
Repréſentans de la Province aux Etats-Généraux,
d'autant plus que Sa Majeſté a bien voulu an-

noncer qu'Elle eſt diſpoſée à les agréer ; & les Trois - Ordres ſupplient Sa Majeſté d'approuver définitivement l'art. 50 du projet qu'ils ont eu l'honneur de lui préſenter.

Perſiſtant dans la délibération priſe le 27 Septembre dernier, l'Aſſemblée a de nouveau arrêté que les Etats pourront faire, ſous le bon plaiſir du Roi, tous les Réglemens qu'ils jugeront néceſſaires, ſans qu'ils aient néanmoins la faculté de faire ni conſentir aucun changement à leur conſtitution.

Et au ſurplus, les Trois-Ordres ont donné le conſentement ci-deſſus, ſous la réſerve expreſſe que les Etats ne pourront accorder aucun ſubſide, ni établir aucune taxe directe ou indirecte, ni conſentir à aucune extenſion ou prorogation d'impôts, ni faire aucun emprunt pour le compte du Gouvernement, que lorſque les Repréſentans de la Province en auront délibéré dans les Etats-Généraux du Royaume.

Il a été de plus délibéré de charger expreſſément les Etats de ſupplier le Roi de leur conſier inceſſamment la ſurveillance des frais & du tirage de la Milice, celle des établiſſemens publics, & les autres objets d'adminiſtration intérieure ; l'Aſſemblée charge également les Etats de s'occuper des moyens propres à obtenir la réunion des recettes & des dépenses qui concernent le Trésor Royal, dans les mains du Trésorier des Etats, ainsi que Sa Majesté a bien voulu le faire espérer.

Les Trois-Ordres, en exécution de l'art. 57 du Réglement de Sa Majesté, & des explications qu'Elle a bien voulu y joindre, recommandent expressément à la Commission intermédiaire & aux Procureurs-Généraux-Syndics, de charger deux de leurs Membres d'examiner les Mémoires qui pourroient leur être adressés, relativement à toutes les poursuites faites par le Fisc; & lesdits Procureurs-Généraux-Syndics prendront fait & cause, lorsque les Etats ou la Commission intermédiaire l'auront jugé convenable.

Il a été arrêté que les motifs des changemens faits par le Réglement de Sa Majesté au plan présenté par les Trois-Ordres de Dauphiné, lesquels ont été communiqués par MM. les Commissaires du Roi, seront transcrits dans le présent Procès-verbal.

MOTIFS

*Des changemens apportés par le Conseil du Roi,
à quelques Articles du Plan présenté au nom
de l'Assemblée de Romans, pour la nouvelle
formation des Etats de Dauphiné.*

Articles proposés par l'Assemblée.	Réglement du Roi.	Observations.
ART. 19. Ne pourront être élus ceux qui exercent quelques emplois ou Commissions médiates ou immédiates, de subdélégations de Commissaires départis, ainsi que leurs Commis & Secrétaires ; ceux qui exercent quelques Charges, Emplois ou Commissions médiates ou immédiates dans toutes les parties des Finances de Sa Majesté ; ceux qui sont chargés directement ou indirectement d'aucunes adjudications ou entreprises d'ouvrages publics ; de même que leurs cautions. Ne seront non plus éligibles les Fermiers	**ART. 19.** Ne pourront être élus ceux qui sont chargés directement ou indirectement d'aucune adjudication ou entreprise d'ouvrages publics aux frais de la Province. **ART. 20.** Aucune personne employée en qualité d'agent ou collecteur pour la levée des rentes, dixmes & devoirs seigneuriaux, ne pourra être élue tant qu'elle sera aux gages du Seigneur ou Propriétaire qui l'emploiera. **ART. 21.** A l'égard des Fermiers que la délibé-	LE Roi, selon le vœu des trois Ordres de la Province, a trouvé raisonnable de ne pas admettre dans les Etats les agents & collecteurs aux gages des Seigneurs ou des autres Propriétaires. Sa Majesté a trouvé pareillement que les adjudicataires de travaux publics, soumis à rendre compte de leur gestion aux Etats, ne doivent pas en faire partie ; mais Elle a cru qu'en donnant pareillement l'exclusion aux cautions de ces adjudicataires, c'étoit nuire au service public. Le Roi a vu, avec la plus grande peine,

Articles proposés par l'Assemblée.	Réglement du Roi.	Observations.
pendant la durée de leurs Fermes ; les Agents, Collecteurs de rentes, dîmes & devoirs seigneuriaux, directement ou indirectement, ainsi que leurs Cautions.	ration de l'Assemblée exclueroit des Etats pendant la durée de leur ferme, Sa Majesté ne pouvant point admettre sans réserve cette exclusion, même pour la première élection, veut qu'il puisse en être élu un dans chacun des six districts qui partagent la Province, sans que cette limitation puisse être regardée comme définitivement établie ; Sa Majesté se réservant de statuer, d'après une plus ample instruction, sur le droit que peuvent avoir tous les Fermiers indistinctement, d'être admis aux Etats, quand ils ont d'ailleurs les qualités requises.	que dans le plan adopté par l'Assemblée de Romans, l'on avoit exclu pour toujours des Etats les Fermiers des terres pendant la durée de leur bail, lors même qu'ils seroient éligibles en raison de leurs propriétés ; & si une disposition particulière, propre à balancer dans les Etats l'influence du Clergé & de la Noblesse, avoit paru nécessaire, Sa Majesté auroit souhaité qu'on eût cherché quelque moyen moins contraire à la justice due à une classe de Citoyens, dignes par leurs travaux de la faveur publique & de la protection particulière du Roi. Sa Majesté néanmoins présumant que cette question a pu être examinée sous des rapports particuliers à la Province, & d'après des motifs dont Sa Majesté n'est pas suffisamment instruite, elle a bien voulu, pour la prochaine élection, borner

Articles proposés par l'Assemblée.	Réglement du Roi.	Observations.

Observations (suite) : ner à la faculté de nommer un Fermier par département, la liberté illimitée qu'elle seroit disposée à accorder dans la suite. Le Roi a considéré, avec le plus juste intérêt, que si l'on exceptoit pour toujours les Fermiers du droit d'être éligibles pour l'Assemblée des États Provinciaux, ce seroit leur inspirer l'envie de changer d'état, & priver l'agriculture du secours qu'elle tire de l'augmentation progressive de l'aisance & de la fortune de ceux qui sont chargés de l'exploitation des fonds de terre ; & qu'on s'exposeroit à décourager ainsi une classe de Citoyens infiniment précieuse & recommandable.

ART. 22.

Réglement du Roi : Le Roi avant égard au vœu des trois Ordres, permet provisoirement & pour la première élection, qu'on ne puisse élire les Subdélégués du Commissaire départi, leurs Commis & Se-

Observations : Le Roi a bien voulu, pour la prochaine Election, admettre indéfiniment l'article qui donne l'exclusion aux Subdélégués & aux personnes employées au recouvrement des impôts ;

E

Articles proposés par l'Assemblée.	*Réglement du Roi.*	*Observations.*
	crétaires , non plus que ceux qui exercent quelques Charges , Emplois ou Commiſſions médiates ou immédiates dans toutes les parties des finances de Sa Majeſté.	mais Sa Majeſté penſe qu'il ne ſeroit pas juſte de faire d'une pareille diſpoſition une Loi perpétuelle , puiſque ce ſeroit imprimer une ſorte de défaveur à des perſonnes qui ont beſoin de l'opinion publique pour remplir dignement les fonctions qui leur ſont confiées. L'on doit obſerver encore que les Subdélégués des Commiſſaires dépaitis , après l'établiſſement des Etats, ne ſeront plus que des perſonnes chargées de fonctions d'ordre & de police ; & qu'ainſi il n'y aura plus de motifs plauſibles pour leur ſuppoſer un intérêt contraire à celui de la Province, & que l'excluſion conſtante des Etats de toute perſonne revêtue de la confiance de l'adminiſtration , mettroit peut - être dans la néceſſité de recourir aux ſervices de gens peu dignes d'une telle préférence , ce qui nuiroit au bien général.

Articles proposés par l'Assemblée.	Réglement du Roi.	Observations.
		Quant aux hommes employés dans les finances, il seroit pareillement peu convenable de les déclarer pour toujours inadmissibles dans les États, puisque le meilleur moyen de tempérer en eux l'esprit fiscal, c'est de les faire participer aux récompenses de l'opinion. Il est d'ailleurs naturel de présumer que les impôts une fois délibérés & consentis par les États-Généraux, l'on cessera de regarder les agents du fisc comme la partie adverse de la Nation. Cependant comme les modifications dans l'esprit public sont l'ouvrage du temps, Sa Majesté autorise, pour les premières élections qui doivent subsister pendant quatre ans, le vœu de l'Assemblée des trois Ordres à l'égard des Subdélégués & des personnes chargées de la direction du recouvrement des impôts.

E 2

Articles proposés par l'Assemblée.	Réglement du Roi.	Observations.
ART. 26. Les États se rassembleront chaque année, au quinze Novembre. La convocation sera faite par le Président, & à son défaut, par l'un des Procureurs-Généraux-Syndics.	ART. 29. Le Roi fera convoquer les États chaque année au mois de Novembre ; ils pourront à la fin de chaque Assemblée exprimer leur vœu sur le lieu où devra se tenir l'Assemblée de l'année suivante.	Le changement apporté à cet article, rend simplement au Monarque ce qui lui est dû, & se trouve au reste conforme au vœu exprimé dans la délibération des trois Ordres pour la prochaine convocation des Etats de Dauphiné. Une telle disposition s'accorde avec l'usage constamment suivi dans tout le Royaume.
ART. 28. Les Etats choisiront leur Président parmi les Membres du premier & du second Ordre de la Province, & ayant les qualités requises pour être admis aux Etats. Dans le cours de la quatrieme année, leur Président sera élu au scrutin pour entrer en fonctions l'année suivante, & celui des deux premiers Ordres, dans lequel le Président aura été nommé, aura un Député de moins ; le Président devant être compté parmi les Membres des Etats.	ART. 31. Les Etats choisiront leur Président parmi les Membres du premier ou second Ordre de la Province, ayant les qualités requises pour être admis aux Etats, & ce Président devra être agréé par Sa Majesté ; il sera élu au scrutin dans le cours de la quatrieme année pour entrer en fonctions l'année suivante. Et celui des deux premiers Ordres dans lequel le Président aura été nommé aura un Député de moins, le Président devant être	La présidence d'une Assemblée d'Etats provinciaux, lorsqu'elle n'est pas inhé-ente à un rang ou à une place, doit être sanctionnée par le Roi ; mais Sa Majesté, dont la confiance est déjà excitée par le premier choix que l'Assemblée vient de déterminer, est tellement persuadée qu'elle ne sera jamais dans le cas de refuser son approbation à une élection émanée des Etats, qu'Elle n'a pas même voulu indiquer ce qu'il y auroit lieu de faire, si,

Articles proposés par l'Assemblée.	Réglement du Roi.	Observations.
	compté parmi les Membres des Etats.	par une circonstance improbable, Elle étoit contrainte à refuser son agrément à la nomination du Président.
ART. 29. Les Etats nommeront deux Procureurs Gén. Syndics, l'un pris dans le premier ou second Ordre, & l'autre dans celui du tiers. Ils choisiront dans ce dernier Ordre, un Secrétaire, qui ne fera point partie des cent quarante-quatre Députés, sera révocable à volonté, & n'aura que voix instructive : ils choisiront encore un Trésorier qui sera domicilié dans la Province, ainsi que ses cautions ; il ne fera point Membre des Etats, & ne pourra y entrer que lorsqu'il sera appellé ; il sera également révocable à volonté.	**ART. 32.** Les Etats nommeront deux Procureurs-Généraux - Syndics, l'un pris dans le premier ou le second Ordre, & l'autre dans celui du tiers. Ils choisiront dans ce dernier Ordre un Secrétaire qui ne fera point partie des cent quarante-quatre Députés, sera révocable à volonté, & n'aura que voix instructive. **ART. 33.** Le Roi autorise les Etats à choisir, pour les recettes & dépenses particulieres de la Province, un Trésorier qui sera domicilié en Dauphiné, ainsi que ses cautions ; il ne sera point Membre des Etats, il ne pourra y entrer que lorsqu'il sera appellé, & il sera également révocable à volonté.	Le Roi ne se refusera point à écouter les propositions qui pourroient lui être faites par les Etats, pour réunir à un même Trésorier les recettes & les dépenses qui concernent le Trésor Royal ; mais cette affaire exige un examen & une conciliation.

E 3

Articles proposés par l'Assemblée.	Réglement du Roi.	Observations.
A R T. 34. En l'absence du Président , soit des Etats , soit de la Commission intermédiaire , l'Assemblée sera présidée par la personne la plus âgée de celui des deux premiers Ordres, dans lequel n'aura pas été choisi le Président , en observant néanmoins, dans l'Ordre du Clergé , le rang de la hiérarchie Ecclésiastique.	**A R T. 38.** Le Président soit des Etats , soit de la Commission intermédiaire sera remplacé en son absence, s'il est de l'Ordre de l'Eglise , par le plus âgé des Gentilshommes, & s'il est de l'Ordre de la Noblesse , par celui qui se trouvera avoir la première séance dans l'Ordre du Clergé.	La rédaction de cet article n'étoit pas exprimée assez clairement : on en a changé la forme, mais le sens a été parfaitement conservé.
A R T. 35. Les Etats s'assembleront pour la premiere fois à Romans, & indiqueront chaque année , à la clôture de leur séance, le lieu où ils devront s'assembler l'année suivante.		Cette disposition se trouve comprise dans l'article 29.
A R T. 36. La Commission intermédiaire tiendra ses séances à Grenoble, sauf aux Etats à la placer dans un autre lieu lorsque les circonstances l'exigeront. Les Membres de cette Commission ne pourront s'absen-	**A R T. 39.** La Commission intermédiaire tiendra ses séances à Grenoble , sauf aux Etats à demander au Roi qu'elle soit placée dans un autre lieu , si le bien du service l'exigeoit. Les Membres de cette Com-	Changement de droit & de convenance.

Articles proposés par l'Assemblée.	Réglement du Roi.	Observations.
ter sans une nécessité indispensable , que pendant trois mois de l'année, de manière cependant qu'ils restent toujours au nombre de huit dans le lieu de son établissement ; & les Procureurs - Généraux - Syndics ne pourront jamais s'absenter tous deux à la fois.	mission ne pourront s'absenter sans une nécessité indispensable que pendant trois mois de l'année ; de manière cependant qu'ils restent toujours au nombre de huit dans le lieu de son établissement ; & les Procureurs - Généraux – Syndics ne pourront jamais s'absenter tous deux à la fois.	
ART. 37. La Commission intermédiaire s'assemblera au moins une fois par semaine, mais le Président, ainsi que les Procureurs-Généraux-Syndics, & les uns au défaut des autres , pourront la faire assembler toutes les fois qu'ils le jugeront nécessaire. **ART. 38.** Les Membres de la Commission intermédiaire ne pourront prendre aucune délibération qu'ils ne soient au nombre de sept.	**ART. 40.** La Commission intermédiaire s'assemblera au moins une fois par semaine , mais le Président pourra convoquer, & les Procureurs-Généraux-Syndics pourront requérir des Assemblées plus fréquentes toutes les fois que le bien du service leur paroîtra l'exiger.	Il y a ici un petit changement de rédaction : c'est au Président à convoquer les Assemblées extraordinaires de la Commission intermédiaire ; les Procureurs-Généraux-Syndics doivent seulement requérir. Il seroit difficile que dans le temps des départemens & de la répartition des impôts, on pût toujours se trouver au nombre de sept dans la Commission intermédiaire, non compris les Procureurs - Généraux-Syndics. L'expérience montrera

E 4

Articles proposés par l'Assemblée.	Réglement du Roi.	Observations.
		peut-être que le nombre de cinq seroit suffisant ; mais le Roi attendra à cet égard les observations des Etats.
A R T. 41. Nul ne pourra être élu de nouveau , Membre des Etats, qu'après un intervalle de quatre ans, depuis qu'il en sera sorti.	**A R T. 44.** Nul ne pourra être élu de nouveau, Membre des Etats, qu'après un intervalle de deux ans depuis qu'il en sera sorti.	Le Roi a jugé qu'il seroit difficile de composer constamment des Etats des personnes les plus dignes de confiance , si l'on ne pouvoit être élu une seconde fois qu'après un intervalle de quatre ans ; au reste , Sa Majesté n'ayant pour but que le plus grand bien des affaires de la Province , consentira sans peine de rétablir cet article tel qu'il est proposé , si de nouveaux éclaircissemens l'y déterminent.
A R T. 45. Les Etats veilleront au maintien des droits & privilèges du Dauphiné, & notamment de celui qui ne permet pas que les Dauphinois soient distraits du ressort des Tribunaux de la Province. Ils feront la répartition & assiette	**A R T. 48.** Les Etats feront la répartition & assiette de toutes les impositions foncieres & personnelles, tant de celles qui seront destinées pour le Trésor Royal, que de celles qui feront relatives aux besoins de la Province. Ils ordonne-	C'est le Roi qui parle dans ce Réglement, & Sa Majesté ne peut y admettre aucune stipulation qui suppose ou qui préjuge que sous son autorité il se commette aucun acte contraire aux Loix du Royaume & aux pri-

Articles proposés par l'Assemblée.	Réglement du Roi.	Observations.
de toutes les impositions foncieres & personnelles , tant de celles qui feront destinées pour le Trésor royal , que de celles qui feront relatives aux besoins de la Province. Ils ordonneront la confection de tous les chemins , ponts & chauffées , canaux , digues , & autres ouvrages publics , dont ils passeront les adjudications par eux ou par la Commission intermédiaire , ou par d'autres délégués.	ront fous l'autorité du Roi la confection de tous les chemins , ponts & chauffées , canaux , digues & autres ouvrages publics qui fe feront aux frais de la Province ; ils en furveilleront l'exécution ; & ils en passeront les adjudications par eux ou par la Commission intermédiaire , ou par d'autres délégués.	viléges particuliers de fes Provinces. Au reste, l'article du Réglement , qui donne aux Syndics-Généraux le pouvoir d'intervenir dans toutes les affaires de la Province , comprend d'une maniere générale le droit de réclamer , au nom des Etats , contre toutes infractions contraires à fes priviléges particuliers ; on a donc fupprimé la premiere partie de l'article 45. Quant à la maniere d'exprimer les fonctions des Etats relativement aux impofitions & aux chemins, on croit l'article rédigé plus convenablement ; & la modification dans les termes ne paroît exiger aucune explication.
ART. 46. Les Etats ordonneront encore la distribution des dégrèvemens & récompenfe , indemnité , encouragemens pour l'Agriculture , le Commerce & les Arts ; ils furveilleront & approuveront	**ART. 49.** Les Etats feront chargés de la distribution des dégrèvemens accordés par le Roi; ils pourront arrêter , fous le bon plaifir de Sa Majefté, les récompenfes , les indemnités & les encouragemens qu'ils	Les changemens apportés à cet article font fûrement conformes à l'intention des trois Ordres de la Province. L'étendue à donner aux dégrèvemens , l'emploi à faire des deniers publics font dans tout

Articles proposés par l'Assemblée.	Règlement du Roi.	Observations.
par eux ou par la Commission intermédiaire, toutes les dépenses relatives aux réparations des Eglises, Presbytères, & autres dépenses quelconques particulières aux Communautés. Ils surveilleront également l'administration de tous les établissemens publics, les frais & tirages des Milices ; ils vérifieront les comptes des Officiers des Villes & Communautés, même ceux relatifs à leurs biens patrimoniaux ; ils feront à Sa Majesté toutes les représentations qu'ils croiront nécessaires, & généralement seront chargés de tous les objets qui peuvent concourir au **bien de la Province.**	trouveront convenables pour l'Agriculture, le Commerce & les Arts. A R T. 50. Le Roi autorise les Etats & la Commission intermédiaire à vérifier les comptes des Communautés, & à déterminer sur leur requête les dépenses relatives aux réparations des Eglises, Presbytères & autres dépenses particulières à chaque Communauté, lorsqu'elles n'excéderont pas à la fois la somme de 600 liv. Pourront également les Etats où la Commission intermédiaire permettre jusqu'à concurrence de la même somme telle levée de deniers ou imposition locale qui sera délibérée par chacune des Communautés pour acquitter les dépenses autorisées comme ci-dessus. Entend toutefois Sa Majesté que les Etats requerreront son approbation sur la demande des	le Royaume sous l'autorité du Roi, & ne peuvent être déterminés qu'avec l'approbation de Sa Majesté. Le Roi, par les trois articles 49, 50 & 51, remplit le vœu des Ordres de la Province dans toute l'étendue qu'ils peuvent raisonnablement demander ; & Sa Majesté se fera rendre compte incessamment de ce qui concerne la surveillance sur les frais & le tirage de la Milice, afin de donner à cet égard un Réglement fixe & général : Elle desire véritablement de déférer successivement aux Etats & à la Commission intermédiaire une juste influence sur toutes les parties d'administration qui intéressent le bien de la Province ; mais toutes ces dispositions demandent d'être examinées plus mûrement ; il est nécessaire de les régler d'après des principes

Articles proposés par l'Assemblée.	Réglement du Roi.	Observations.
	Communautés, lorsque les dépenses ou les impositions' locales dont elles solliciteront l'autorisation, s'élèveront à une plus forte somme. **A R T. 51.** Les Villes de la Province qui auront à solliciter l'autorisation de quelques dépenses nouvelles, la création, l'augmentation ou la prorogation de quelque octroi ou de quelqu'autre imposition locale pour y subvenir, enverront leur requête à l'Assemblée des Etats ou de la Commission intermédiaire qui sera tenue de les adresser avec son avis au Conseil. Sa Majesté se réserve de faire connoître ses intentions sur la vérification des comptes des Villes d'après les nouveaux éclaircissemens qu'Elle prendra à cet égard. **A R T. 52.** Le Roi se réserve pareillement d'attri-	stables & combinés avec réflexion. Le Roi accorde aux Etats dès présent la vérification des comptes des Communautés ; mais celle des comptes des Villes, exige préalablement une conciliation avec les droits des Chambres des Comptes : le Roi fera examiner cette affaire dans son Conseil.

Articles proposés par l'Assemblée.	Règlement du Roi.	Observations.
	buer fuccessivement aux Etats & à la Commission intermédiaire la surveillance sur d'autres objets d'administration intérieure ; & Sa Majesté autorise & invite lesdits Etats & leur Commission intermédiaire à lui adresser dans toutes les circonstances, telles représentations qu'ils jugeront utiles au bien de la Province.	
ART. 47. Les Etats ne pourront accorder aucuns subsides, ni établir aucunes taxes directes, ni indirectes, ni confentir à aucune prorogation d'un impôt établi à temps, ni faire aucun emprunt pour le compte du Gouvernement, que lorsque les Représentans de la Province en auront délibéré dans les Etats-Généraux du Royaume.		On n'a pas fait attention que dans un Règlement fait au nom du Roi, il ne peut pas ordonner partiellement ce qu'il a prescrit d'une manière générale, en déclarant que les créations ou prorogations d'impôts seront dorénavant consenties par les Etats-Généraux. Sa Majesté n'est pas dans l'intention de demander le crédit de la Province pour aucun emprunt ; & cette question vue d'une manière générale, doit être liée aux délibérations qui

Articles proposés par l'Assemblée.	Règlement du Roi.	Observations.
		seront prises à l'Assemblée des Etats-Généraux.
ART. 48.	**ART. 53.**	
Les Etats pourront néanmoins imposer & emprunter après en avoir obtenu la permission de Sa Majesté, mais seulement pour les besoin particuliers & essentiels de la Province, & sous la condition qu'ils ne feront aucun emprunt qu'en destinant préalablement les fonds nécessaires pour le paiement des intérêts, & le remboursement de capitaux, à des époques fixes & déterminées.	Les Etats ne pourront faire aucun emprunt, ni imposer aucune somme pour leurs affaires particulières, qu'après avoir obtenu la permission de Sa Majesté, & sous la condition qu'ils ne feront jamais aucun emprunt qu'en destinant préalablement les fonds nécessaires pour le paiement des intérêts & le remboursement des capitaux à des époques fixes & déterminées.	La nouvelle rédaction est plus claire & plus positive.
ART. 49.		Cet article, considéré d'une manière générale, est du nombre de ceux qui par leur importance doivent être pris en considération aux Etats-Généraux : Sa Majesté toutefois se fera rendre compte des priviléges particuliers du Dauphiné, qui pourroient autoriser à cet égard la demande formée dans l'Assemblée de Romans.
Toute loi nouvelle, avant son enregistrement dans les Cours, sera communiquée aux Procureurs-Généraux-Syndics, afin qu'il en soit délibéré, conformément aux priviléges de la Province.		
ART. 50.		Le Roi est très-disposé à approuver la demande formée dans cet article pour l'élection des Repré-
Pour choisir les personnes qui seront députées par la Province aux Etats-Généraux du Royaume,		

Articles proposés par l'Assemblée.	Réglement du Roi.	Observations.
le Clergé , la Noblesse & les Communes s'assembleront pour nommer dans les formes , & avec les qualités ci-devant preſcrites , un nombre de Repréſentans égal à celui des Membres des Etats ; ces nouveaux Repréſentans ſe réuniront avec les Etats pour élire , par la voie du ſcrutin , ceux qui feront envoyés aux Etats-Généraux , leſquels pourront être choiſis au gré des Electeurs, ſoit parmi les Membres des Etats , ſoit parmi les autres Citoyens, pourvu que les uns & les autres ſoient propriétaires & domiciliés dans la Province , ſans diſtinction de lieu & de diſtrict. On députera un nombre de Repréſentans du Tiers-Etat , égal au nombre de ceux du premier & du ſecond Ordre réunis.		ſentans du Dauphiné aux Etats-Généraux ; mais Sa Majeſté ſe réſerve de faire connoître ſes intentions à cet égard dans le Réglement qu'Elle donnera pour la convocation des Etats-Généraux , après avoir entendu le vœu qui lui ſera préſenté par les Notables de ſon Royaume.

ART. 54.

| La Commiſſion intermédiaire chargera ſpécialement deux | | Le ſens de cet article, interprété tel qu'il doit l'être, pré- |

Articles proposés par l'Assemblée.	Réglement du Roi.	Observations.
de ses Membres de l'examen de tous les Mémoires qui pourroient être adressés aux Procureurs-Généraux-Syndics, relativement aux demandes des Contrôleurs où autres agents du fisc, contre des Particuliers & Communautés. Sur le compte qui en sera rendu, les Procureurs-Généraux Syndics prendront fait & cause, lorsque les Etats ou la Commission intermédiaire l'auront jugé convenable.		sente une disposition inutile, puisque l'article suivant comprend indistinctement tous les pouvoirs qui peuvent intéresser la Province, les Communautés & les Particuliers.
ART. 55. Les Procureurs-Généraux - Syndics pourront présenter des requêtes, former des demandes devant tout Juge compétent, & intervenir dans toutes les affaires qui pourroient intéresser la Province, après y avoir été autorisés par les Etats ou la Commission intermédiaire.	**ART. 57.** Les Procureurs-Généraux - Syndics pourront présenter des requêtes, former des demandes devant tous Juges compétens, & intervenir dans toutes les affaires qui pourroient intéresser la Province, les Communautés & les particuliers, après y avoir été autorisés par les Etats ou la Commission intermédiaire.	On a ajouté ici les Communautés & les Particuliers, afin de suppléer, autant que besoin peut être, à l'article précédent.

Articles proposés par l'Assemblée.	Réglement du Roi.	Observations.
ART. 57. Le Tréforier ne pourra difpofer d'aucunes fommes fans un mandat exprès des Etats, ou de ceux qui feront autorifés par eux.	**ART. 59.** Le Tréforier ne pourra difpofer d'aucunes fommes fans un mandat exprès des Etats ou de la Commiffion intermédiaire.	On a penfé que la Commiffion intermédiaire pouvoit feule, dans l'intervalle des Etats, être chargée de ce fervice important.
ART. 58. Le tableau de fituation des fonds du Pays par recette & par dépenfe, l'état motivé & nominatif, de la répartition des dégrèvemens, indemnités, encouragemens & gratifications, feront inférés dans les procès-verbaux des Affemblées, & rendus publics chaque année par la voie de l'impreffion ; ainfi que toutes les Délibérations qui auront été prifes, foit par les États, foit par la Commiffion intermédiaire ; & un exemplaire fera envoyé à chaque Communauté, pour être dépofé dans fes archives.	**ART. 60.** Le tableau de fituation des fonds du pays par recette & par dépenfe, l'état motivé & nominatif de la répartition des dégrèvemens, indemnités, encouragemens, gratifications, feront inférés dans les procès-verbaux des Affemblées, & rendus publics chaque année par la voie de l'impreffion ; il en fera envoyé un exemplaire au Confeil du Roi. Pourront les Etats ou la Commiffion intermédiaire en envoyer un exemplaire à chaque Communauté pour y être dépofé dans fes archives.	Le Roi ne permet pas, quant à préfent, l'impreffion des délibérations qui pourront être prifes par la Commiffion intermédiaire dans le cours d'une année ; il eft poffible que l'Affemblée n'ait pas pris en confidération la forte dépenfe qu'une telle difpofition entraîneroit. Sa Majefté, d'ailleurs, avant d'acorder cette publicité, defire d'être affurée, comme elle le fera fans doute par l'expérience, de l'efprit de fageffe & de circonfpection avec lequel ces délibérations feront rédigées.
ART. 59. Les Etats fixeront	**ART. 61.** Les Etats fixeront	On ne fait qu'ajouter

Articles proposés par l'Assemblée.	*Réglement du Roi.*	*Observations.*
le traitement du Président, des autres Officiers de la Commission intermédiaire & des Correspondans ; ils régleront les frais de Bureau & autres dépenses nécessaires. Tous ces frais feront supportés par les Trois-Ordres, &c.	le traitement du Président, des autres Officiers de la Commission intermédiaire & des Correspondans ; ils règleront les frais de Bureau & autres dépenses nécessaires : tous ces frais, après qu'ils auront été autorisés par Sa Majesté, feront supportés par les trois Ordres.	jouter à cet article une réserve qui est entièrement dans le sens de l'Assemblée ; cette réserve est conforme aux règles établies dans les Etats Provinciaux. L'emploi des deniers publics doit être autorisé par des décisions du Souverain.
A rt. 60. Les Etats auront le droit de faire tous les Réglemens qu'ils jugeront nécessaires, pourvu qu'ils n'aient rien de contraire aux articles ci-dessus ; mais ils ne pourront faire aucuns changemens dans leur constitution, à l'exception de celui qui leur est réservé par les Articles 10, 17, 23 & 24.		En accordant aux Etats le droit de faire des Réglemens, soit qu'ils fussent relatifs à leur constitution ou à leur administration, il faudroit ajouter, *sous le bon plaisir du Roi ;* mais alors l'interdiction énoncée à la fin de l'article, ne pourroit faire partie d'un Réglement émané de Sa Majesté.

Il a été arrêté qu'on préparera la rédaction des motifs qui ont déterminé les modifications appofées fous le bon plaifir du Roi au Régle-ment ci-deffus.

Un de MM. les Commiffaires a dit que Sa Majefté ayant defiré de connoître les vœux de fes fujets fur les formes qui doivent être fui-vies dans les prochains Etats-Généraux, cette Affemblée devroit lui préfenter fes principes fur cette matière importante.

L'assemblée a délibéré qu'il feroit écrit, au nom des Trois-Ordres, une Lettre à Sa Majefté, pour lui exprimer leur reconnoiffance, & mettre fous fes yeux les principes qu'ils croient de-voir diriger les formes des Etats-Généraux du Royaume.

M. le Préfident a indiqué la Séance prochaine à Vendredi, fept de ce mois, fur les quatre heures du foir, & il a figné:

† *J. G. Archev. de Vienne*, *Préfident*.

MOUNIER, *Secrétaire*.

Du Vendredi sept Novembre , à quatre heures du soir.

LES Trois-Ordres, pleins de confiance en la justice de Sa Majesté, & desirant de faire connoître les motifs qui ont dirigé les modifications appofées, fous fon bon plaifir, au Réglement qu'Elle leur a adreffé, ont délibéré que ces motifs feront inférés dans le procès-verbal, & ils fupplient Sa Majesté de vouloir bien les prendre en confidération.

Sur l'article 19, l'Affemblée a penfé qu'il ne fuffifoit pas de déclarer non éligibles les Adjudicataires d'ouvrages publics, faits aux frais de la Province ; que les Adjudicataires des Ouvrages au compte du Roi font toujours dans une dépendance qui pourroit rendre leurs fuffrages fufpeéts, que d'ailleurs leur intérêt particulier pourroit les porter à favorifer ceux qui auroient des Adjudications aux frais de la Province.

Quant aux Cautions des Adjudicataires, les mêmes raifons exigent qu'ils ne puiffent être élus ; il eft bien évident que les Cautions ont les mêmes intérêts. Souvent ils font les véritables Adjudicataires & empruntent le nom d'autrui. Si un Entrepreneur d'Ouvrages publics vouloit être admis aux États, il ne manqueroit pas d'employer un moyen auffi facile.

Cette modification ne fauroit nuire au fervice public ; l'exclufion doit être prononcée toutes les fois que l'intérêt particulier fe trouve évidemment en oppofition avec les principes qui dirigeront les États ; on eft alors confidéré comme ayant une qualité incompatible ; des précautions de ce genre ne fauroient être injurieufes, & ne mettront certainement aucun obftacle aux fpéculations des Entrepreneurs.

La modification de l'art. 20 n'eft qu'une explication qui ne change point le fens de l'article, & ne tend qu'à l'éclaircir.

Quant à l'article 21, l'Affemblée n'a fait que fe conformer aux intentions de Sa Majefté, en prononçant l'exclufion des Fermiers de rentes, dîmes & devoirs Seigneuriaux, qui pourroient exercer une influence d'autant plus dangereufe, qu'ils font toujours créanciers de la plus grande partie des Habitans de la campagne ; mais elle doit faire connoître les motifs qui l'ont déterminée à ne pas confidérer les Fermiers ruraux comme éligibles ; elle connoît tous les égards qui font dus aux Citoyens qui fe livrent à l'agriculture, & n'a certainement pas eu le deffein d'infpirer aux Fermiers le dégoût d'une profeffion qu'elle honore ; mais elle a cru que pendant la durée de leurs Fermes, leur admission dans les Etats auroit de funestes conséquences.

Un Fermier, par la nature de ses engagemens envers le Propriétaire, est ordinairement dans sa dépendance. En soutenant une opinion contraire à la sienne, il pourroit craindre de compromettre ses intérêts, & dès-lors la liberté des suffrages ne seroit point entière, indépendemment du danger de porter atteinte à l'équilibre qui doit exister entre les Ordres.

La dépendance des Fermiers a toujours été reconnue en Dauphiné. L'article 317 de l'ordonnance d'Abbeville, locale pour cette Province, déclare *que les Officiers des Seigneurs, même ceux qui sont inférieurs, ne pourront être ni Fermiers ni personniers ès-fermes de terres & seigneuries où ils exerceront leurs offices :* aussi dans deux séances différentes, l'une antérieure au projet que les Trois-Ordres ont eu l'honneur de présenter à Sa Majesté, & l'autre, postérieure au Réglement, tous les Fermiers qui se trouvoient parmi les Membres de l'Assemblée, ont eux-mêmes avoué publiquement la dépendance & l'incompatibilité de leur profession.

Cette incompatibilité ne sauroit nuire à l'agriculture. Aucun Fermier ne voudroit abandonner les profits de sa Ferme, pour l'espoir incertain d'être élu Membre des Etats ; d'ailleurs il

F 3

eft effentiel de confidérer qu'en Dauphiné un très-grand nombre de Propriétaires exploitent eux-mêmes leurs biens ; que les Fermiers des grandes terres ne font que des fpéculateurs, dont la feule induftrie confifte à profiter de celle d'autrui, en fous-affermant à des particuliers par portions féparées, ufage qui les rend prefque étrangers à l'agriculture, & qui, s'ils étoient éligibles, leur donneroit affez d'influence fur les fous-Fermiers, pour fe faire élire toutes les fois qu'ils pourroient le defirer.

Quant aux fous-Fermiers, ils n'ont pas affez de fortune pour être éligibles, & ils n'auroient pas les connoiffances néceffaires pour l'adminiftration.

Par la modification de l'Art. 22, on exclut définitivement les perfonnes qui, étant employées fous les ordres des Commiffaires départis ou dans les Finances de Sa Majefté, exercent évidemment des fonctions incompatibles avec celles des Membres des Etats ; leur trop grande influence ou leur propre intérêt doit néceffairement s'oppofer à ce qu'ils foient éligibles. Les employés du fifc de Sa Majefté, même lorfque les impôts feront accordés par les Etats-Généraux, feront toujours, ou mandataires des Compagnies de Finances, ou comptables envers les Etats de la Province : mais s'ils ceffoient d'avoir des fonctions incompatibles, ils pourroient alors être élus.

La modification de l'Art. 28 ne fait qu'expliquer plus clairement la nécessité de choisir, parmi les Députés des Communautés; ce qui ne peut être que conforme aux intentions de Sa Majesté. Il est même évident que les mots *parmi eux* répétés dans le procès - verbal de la dernière Assemblée, ont été oubliés dans la rédaction de l'article.

Quant à la modification de l'article 31, le Président devant être élu la quatrième année, pour entrer en exercice l'année suivante, il est indispensable que l'agrément de Sa Majesté soit obtenu avant la séparation des Etats.

La modification de l'article 41 ne renferme qu'une explication que Sa Majesté a jugé nécessaire.

Celle de l'article 44 est conforme à l'usage qui se pratique dans la plupart des Administrations, où l'on ne peut revenir qu'après un intervalle égal à celui pendant lequel on doit y rester; d'ailleurs, il a pour but de prévenir l'esprit de corps, en empêchant les mêmes personnes d'être admises trop fréquemment aux Etats, ce qui d'ailleurs, en ôtant l'espérance aux autres Citoyens d'être employés à leur tour, les détourneroient de l'étude de l'administration.

F 4

La modification de l'article 48 ajoute les mots
en tout ou en partie. Les ouvrages publics doivent être ordonnés par les Etats, toutes les
fois qu'ils intéreffent la Province, quoiqu'elle
ne fupporte qu'une portion des dépenfes qu'ils
occafionnent, & il eft fans doute conforme aux
intentions de Sa Majefté, que toutes les fommes impofées fur la Province, qui ne font pas
deftinées au Tréfor-Royal, reftent fous la direc-
tion des Etats.

La modification de l'article 51 eft fans-doute
très-utile. Les comptes des Villes n'exigent pas
une furveillance moins exacte que ceux des
Communautés. La faculté qu'auroient les Etats
d'examiner ces comptes, ne pourroit que mettre
obftacle aux dépenfes de luxe, & favorifer une
bonne adminiftration des revenus des Villes;
elle n'auroit aucun rapport avec les fonctions
des tribunaux fur cet objet; ainfi il n'y a aucun
inconvénient que, dès ce moment, en attendant
le Réglement qu'a bien voulu promettre Sa
Majefté, les Etats puiffent fe faire repréfenter
les comptes des Villes toutes les fois qu'ils le
jugeront néceffaire; on pourroit même dire que
le Gouvernement avoit accordé à l'Affemblée
provinciale la furveillance que les Trois-Ordres
de Dauphiné réclament aujourd'hui pour les
Etats, puifque dans l'article 2 de l'Edit du mois

de Juillet 1787, il eſt dit que les dépenſes quel-
conques, *ſoit qu'elles ſoient communes à la géné-*
ralité, ſoit qu'elles ſoient particulières à quelque
Diſtrict ou Communauté, feront ſuivies, approu-
vées & ſurveillées par l'Aſſemblée provinciale.
Les Villes étoient évidemment compriſes dans
les Diſtricts; & il eût été bien impoſſible que
l'Aſſemblée provinciale eût pu ſuivre & ſur-
veiller leurs dépenſes, ſi elle n'eût pas eu le droit
d'examiner leurs comptes.

La modification de l'Art. 57 eſt de la plus grande
juſtice. Les Ordonnances du Royaume four-
niſſent une foule d'exemples des précautions
priſes par nos Rois contre l'intrigue ou la ſur-
priſe; ſouvent ils ont défendu d'obéir, même
à leurs commandemens, ſi l'on parvenoit à leur
en ſurprendre qui fuſſent contraires aux loix
établies.

Les Trois-Ordres ont certainement la plus
grande confiance dans l'aſſurance que veut bien
donner Sa Majeſté de ne jamais ſouffrir la vio-
lation des droits de la Province; cette confiance
eſt pour eux un nouveau motif pour recommander aux Etats de veiller à la conſervation
des Privilèges du Dauphiné; s'ils étoient enfreints, contre les intentions du Roi, c'eſt ſa
juſtice même qu'ils ſe hâteroient de réclamer.

La communication des nouvelles loix aux

Procureurs - Généraux - Syndics, eft une conféquence des conditions du tranfport de la Province ; auffi les Procureurs - Généraux - Syndics
des Etats de Dauphiné en ont conftamment joui ;
on pourroit en citer un grand nombre de preuves : mais on fe contentera de rappeller que les
Etats de Dauphiné, en 1560, ayant préfenté
leur cahier au Roi, il commit le Parlement de
Grenoble, par des Lettres-Patentes, pour répondre aux divers articles de ce cahier. Voici
la réponfe au 23ᵉ. article.

« Sur le 23ᵉ. Art. tendant à ce qu'il ne foit
» octroyé lettres de paréatis pour extraire aucuns
» des fujets du pays hors d'icelui, fans com-
» munication faite au préalable au Procureur
» des Etats ; & que femblable communication
» lui foit faite de toutes lettres & requêtes
» où la chofe publique pourroit avoir intérêt ».

» *La Cour dit que toutes lettres & requêtes, ef-*
» *quelles ledit pays pourroit avoir intérêt, feront*
» *communiquées aux Procureurs des Etats.*

Les Trois-Ordres n'ont pas douté que Sa
Majefté, après avoir pris connoiffance des preuves du droit qu'ils réclament, ainfi qu'Elle a
bien voulu le leur annoncer, Elle n'approuve
la modification qui en eft la fuite néceffaire.

Les Trois-Ordres ont perfifté dans l'Art. 50
du projet qu'ils ont eu l'honneur de préfenter

à Sa Majefté, parce que la forme portée par cet article, pour députer aux Etats-Généraux, eft propre à donner à la Province une vraie Repréfentation. Les Procès-Verbaux des derniers Etats-Généraux de Tours, de Blois & de Paris, conftatent que les Repréfentans du Dauphiné étoient nommés par les Etats; d'après leur nouvelle formation, ils feront plus propres à élire les Repréfentans, puifqu'ils feront eux-mêmes compofés par le libre choix de tous les Ordres, & le concours de toutes les Communautés de la Province. Pour empêcher cependant que les Membres des Etats ne choififfent exclufivement parmi eux, on joint à eux cent-quarante-quatre perfonnes choifies fuivant les mêmes principes; c'eft dans cette réunion de deux cens quatre-vingt-huit Députés, que doit être faite l'Election des Repréfentans de la Province: cette forme eft donc analogue aux anciens ufages du Dauphiné, & n'en préfente point les inconvéniens.

Pourvu que le Dauphiné ait une vraie repréfentation, folemnellement avouée par tous les Ordres, & qu'il nomme, dans la proportion du nombre qui fera fixé pour tout le Royaume, la forme qu'il préfere ne fauroit caufer aucun préjudice à la Nation, & doit être agréée par Sa Majefté.

M. Mounier, Secrétaire, a dit que, par exploit du 30 Octobre dernier, il a été signifié, aux Trois-Ordres de cette Province, en sa personne, de la part de M. le Vicomte de Pons, premier Baron de Dauphiné, Maréchal des Camps & Armées du Roi, & de Madame la Vicomtesse de Pons son Epouse, un Acte public, du 21 Octobre dernier, par lequel M. & Madame de Pons soutiennent que les quatre anciens Barons de Dauphiné ont le droit d'avoir les quatre premières Places dans les Etats, & d'en être Commis & Députés nés, & protestent, pour la conservation de leurs prétendus droits, contre les Délibérations prises par les Trois-Ordres, dans lesquelles il a été arrêté que toutes les Places seront éligibles ; le même Exploit contient encore la signification d'un Mémoire imprimé pour la défense des prétentions de M. & de Madame de Pons. Il a ensuite été fait lecture de l'exploit & de la copie de l'Acte, contenant les protestations ; & il a été rendu compte des principaux objets du Mémoire imprimé.

L'Assemblée considérant que les quatre Barons de Dauphiné n'avoient séance aux Etats de la Province qu'en vertu de leurs fiefs, ce qui étoit commun à tous les autres Seigneurs ; que leur seule prérogative particulière étoit d'occuper une Place diftinguée dans l'Ordre de la Nobleffe ; que les Nobles, poffeffeurs de Fiefs, ayant reconnu qu'on ne doit être admis à l'avenir dans les Etats, qu'en vertu du choix libre de ceux qu'on repréfente, il feroit injufte que les quatre Barons puffent feuls s'oppofer valablement aux réfolutions prifes par les Trois-Ordres & agréées par Sa Majefté ; que les Etats doivent avoir pour but le bien de la Province & non l'avantage particulier de ceux qui les compofent ; qu'on n'y eft pas appellé pour défendre fon propre intérêt, mais l'intérêt général, qu'ainfi il ne fauroit exifter de titre valable, qui pût attacher aux Fiefs le droit de fiéger dans les Etats ; qu'on ne doit pas repréfenter un Ordre fans avoir obtenu fes fuffrages, & qu'il ne peut y avoir de Membres nés, dans les Etats, fans renverfer tous les principes de l'équité & de la raifon ; que M. & Madame de Pons donnent, fans fondement, le nom de droit à d'anciens ufages tombés en défuétude ; que les Etats étoient fufpendus depuis un fiecle & demi ; qu'il faut les confidérer, non tels qu'ils étoient autrefois, mais tels qu'ils viennent d'être rétablis, conformément aux vœux de la Province.

L'Affemblée a arrêté qu'on ne peut avoir aucun égard aux proteftations de M. & de Madame de Pons.

Deux de MM. les Commissaires ont proposé de recommander aux Etats d'examiner si les sommes payées chaque année aux quatre anciens Barons, aux frais de la Province, leur sont légitimement dues. Cette proposition a été unanimement acceptée, & il a été arrêté que les Etats s'occuperont incessamment de cet objet.

Ayant été présenté des protestations de la part du Chapitre de la Cathédrale de Grenoble, pour la conservation des prétendus droits du Siège épiscopal de la même Ville, relativement à la Présidence, l'Assemblée a déclaré qu'elle ne peut les recevoir.

M. le Président a dit que le zèle & l'attention de MM. les Maires & Echevins de Romans, & de tous les Habitans de cette Ville, envers les Membres de l'Assemblée, ont mérité leur reconnoissance.

L'Assemblée a répondu par des applaudissemens.

M. le Président a renvoyé la Séance à demain, Samedi, huit Novembre, à dix heures du matin, & il a signé :

† *J. G. Archev. de Vienne, Président.*

MOUNIER, Secrétaire.

Du Samedi , huit Novembre mil sept cent quatre-vingt-huit , à dix heures du matin.

M. Taxis-du-Poët a dit que M. Falquet-Travail, Citoyen distingué par ses lumières & par son zèle, a fait à sa Patrie des sacrifices qui doivent lui mériter le témoignage de l'estime des Trois-Ordres.

L'Assemblée a répondu par des applaudissemens.

M. le Président a dit qu'il seroit convenable de nommer des Députés pour aller saluer MM. les Commissaires du Roi, de la part de l'Assemblée, & les prévenir qu'on pourroit faire aujourd'hui la clôture des Séances.

On a nommé à cet effet MM. l'Abbé de Rachais, Doyen des Comtes du Chapitre de S. Pierre & S. Chef de Vienne ; le Marquis de Rachais, le Marquis de Vesc, Bertrand de Montfort, Allemand-Dulauron & Didier.

Les Députés étant revenus, ont rapporté que MM. les Commissaires du Roi sont très-sensibles à l'attention de l'Assemblée, & qu'ils sont prêts

à faire la Clôture des Séances auffi-tôt qu'elle
le jugera néceffaire.

M. le Préfident a renvoyé la Séance à quatre
heures du foir & il a figné :

† *J. G. Arch. de Vienne, Préfident.*

MOUNIER, Secrétaire.

---

*Dudit jour, huit Novembre, à quatre
heures du foir.*

M. Mounier, Secrétaire, a fait lecture de la
Lettre que les Trois-Ordres doivent écrire à
Sa Majefté, fuivant la Délibération prife le fix
de ce mois ; ladite Lettre a été approuvée, &
il a été arrêté qu'elle fera tranfcrite dans le
Procès-Verbal.

LETTRE

LETTRE

ÉCRITE

A SA MAJESTÉ,

Par les Trois-Ordres de la Province
de Dauphiné.

SIRE,

VOTRE MAJESTÉ vient d'acquérir de nouveaux droits à notre amour ; jamais un pere tendre ne donna plus de soins à la félicité de sa famille ; jamais, dans les actes du pouvoir du Prince, on n'allia plus de bontés à la majesté du Trône : mais aussi, jamais une Province ne fut plus digne des bienfaits du Monarque, par un inviolable attachement à ses intérêts, inséparables de ceux de la patrie.

SIRE, votre sollicitude paternelle ne s'est pas bornée à notre Province ; c'est la Nation entière que vous voulez rendre heureuse, & vous l'invitez elle-même à seconder vos généreux desseins : Mais dans l'impossibilité de connoître ses résolutions avant que ses Représentans soient

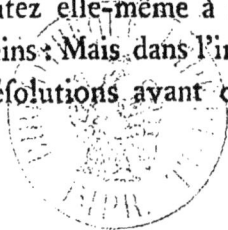

G

réunis, Votre Majesté desire de trouver les moyens les plus propres à constituer une vraie représentation du Peuple François. Instruit de l'incertitude & des vices de la plupart des anciennes formes des Etats-Généraux, Vous avez voulu profiter des lumières de ces mêmes Citoyens, qui, déjà consultés dans une circonstance importante, ont donné des preuves de leur zèle & de leur patriotisme.

Les Trois-Ordres de Dauphiné partagent la reconnoissance que Vous doit tout le Royaume; ils croient répondre à vos vues bienfaisantes, en présentant à Votre Majesté, sur les Etats-Généraux, plusieurs principes essentiels, qu'ils considèrent comme les seules bases sur lesquelles puisse reposer la félicité publique.

Ces principes sont l'Election libre des Représentans.

Leur nombre supérieur à celui de tous les précédens Etats-Généraux.

L'égalité du nombre entre les Députés du premier & du second Ordre réunis, & ceux des Communes.

Toutes les Délibérations prises par les Trois-Ordres réunis, & les suffrages comptés par tête.

SIRE, les formes des Assemblées nationales n'ont pas été constantes, elles n'ont jamais été déterminées par une Loi précife ; il faut en chercher la caufe dans le régime féodal. Il empêcha les François de porter leurs vues au-delà des Coutumes de leurs domiciles. Il fépara tellement les intérêts , que dans les Etats-Généraux , les Repréfentans furent plus occupés de prétentions particulières , que de donner au Corps national une forme régulière & ftable ; mais le droit de chaque Homme libre , de voter par lui ou par ceux auxquels il remet fon pouvoir , droit facré , droit inaltérable , fut toujours reconnu chez les François. En le prenant pour guide , on ne fauroit s'égarer.

Sous la première Race de nos Rois , les Ducs & les Comtes convoquoient les Habitans de leurs refforts ; fur la fin de la feconde , le régime féodal ayant réfervé exclufivement aux Seigneurs l'exercice de la liberté , le Roi convoqua lui-même directement fes vaffaux.

Après l'affranchiffement des Communes , les Ordres néceffaires pour les convocations furent adreffés aux Gouverneurs des Provinces , pour être tranfmis aux Baillis & Sénéchaux. Ceux-ci furent chargés d'affembler les Trois-Etats de leurs Jurifdictions : mais par le défaut de règle pofitives , on ne vit aucune proportion entre les différens Ordres , entre les Provinces ou les Bailliages , pour le nombre des Députés. Les

Eccléfiaftiques furent fouvent élus par Diocèfes ; & fouvent par les Trois-Ordres. Dans plufieurs des Provinces adminiftrées par des Etats parti- culiers , les Etats eux-mêmes choifirent les Re- préfentans : les formes des Délibérations variè- rent également ; & dans les derniers Etats- Généraux les Ordres délibérèrent féparément , contre l'ancien ufage.

Il n'eft point de motifs légitimes pour s'affer- vir aux formes des derniers Etats-Généraux. Si Votre Majefté , guidée par les vœux de la Na- tion , en trouve de plus avantageufes au Royau- me , Elle ne doit pas héfiter de prononcer *provifoirement* ; car fi les formes des Etats-Géné- raux font vicieufes , il eft difficile que leurs ré- folutions ne le foient pas.

Pour que la repréfentation du Peuple foit légitime , il faut qu'elle foit libre & nombreufe.

S'il étoit poffible qu'on choisît parmi des per- fonnes auxquelles le Peuple n'auroit pas confié le droit d'élire ; fi la plus grande liberté n'exiftoit pas dans les fuffrages des Electeurs ; fi les Dépu- tés n'étoient pas admis en affez grand nombre pour déterminer la confiance générale , les Pro- vinces ne fe croiroient jamais liées par leurs réfolutions.

L'étendue actuelle de la Monarchie , & la jufte repréfentation qu'on doit accorder aux Communes, exigent néceffairement que le nombre des Députés foit beaucoup plus confidérable que celui dont étoient formés tous les précédens Etats-Généraux.

On ne fauroit appercevoir aucun inconvénient dans la forme propofée par le Dauphiné pour l'Election de fes Députés aux Etats-Généraux. Elle feroit faite par fes Etats particuliers, qui, compofés de cent quarante-quatre Membres librement choifis dans toutes les parties de la Province, fe réuniroient à un pareil nombre d'autres Electeurs, nommés fuivant les mêmes règles que les Membres des Etats; mais on ne pourroit adopter la même forme dans une autre Province, que lorfqu'elle auroit des Etats particuliers, dont tous les Membres feroient librement élus.

Cette forme offre un précieux avantage, celui de faire concourir tous les Ordres au choix de leurs Députés refpectifs. Ils deviennent alors les Mandataires du Peuple en corps; & cette réunion des diverfes claffes des Electeurs doit être un nouveau motif pour que les Repréfentans ne confultent que l'intérêt qui leur eft commun.

On pourroit, SIRE, procurer le même avantage aux autres Provinces, même à celles qui n'ont point d'Etat particulier, fi les Membres du

Clergé & de la Nobleffe, ainfi que les Députés de toutes les Villes & de toutes les Communautés, fe réuniffoient dans les Capitales des Diftricts, fur la convocation faite par les Gouverneurs des Provinces, ou leurs Lieutenans, ou par les Baillis & Sénéchaux; & qu'après avoir établi l'égalité des fuffrages entre les Ordres, ils éluffent entr'eux le nombre des Repréfentans néceffaires.

L'autorité des Rois n'eft jamais plus refpectable, que lorfqu'elle protège les droits de la nature. Vos Prédéceffeurs ont donné les premiers exemples des affranchiffemens des Serfs; ils ont déclaré que l'efclavage ne devoit pas fouiller le Royaume des Francs. Ils ont appellé les Communes aux Etats-Généraux. Vous, SIRE, qui avez détruit dans vos domaines les reftes de la fervitude de la Glebe, Vous aurez la gloire de donner aux Communes le nombre de Repréfentans qui leur appartient; le Clergé & la Nobleffe de Dauphiné auront celle de l'avoir follicité comme un acte de juftice que Vous devez à votre Peuple.

Les Communes comprennent la portion la plus nombreufe de vos Sujets, celle qui paye le plus d'impôts, qui poffède le plus de biens; c'eft fur elle que s'appefantit le fardeau de tous les abus. Comment pourroit-on leur difputer la faculté de nommer un nombre de Repréfentans égal à celui des deux premiers Ordres réunis. Le Clergé, la Nobleffe ont les mêmes prérogatives ; fi l'équilibre eft maintenu entre ces deux Ordres & les Communes, la raifon feule prononcera : le choc des divers intérêts fera toujours détruit par la pluralité des fuffrages qui feront triompher la juftice.

Cette égalité de nombre feroit inutile, fi chaque Ordre délibéroit à part.

Quand les Repréfentans de la Nation feront raffemblés, ah! daignez, SIRE, pour fon bonheur, ne pas indiquer aux Ordres des féances féparées. Si VOTRE MAJESTÉ defire de connoître les vœux de tous fes Sujets, fi elle defire que l'enthoufiafme patriotique puiffe triompher de tous les obftacles, Elle voudra fans doute que les Trois-Ordre foient conftamment réunis, & que les fuffrages foient comptés par tête.

Si les Ordres, fi les Provinces étoient féparées, ce feroient des corps divers, ce ne feroit plus la Nation même qui s'exprimeroit par l'organe de fes Députés.

Ces réflexions ne font pas l'effet d'une crainte chimérique, elles font juftifiées par l'expérience. Quand les Etats-Généraux ont délibéré, les Trois-Ordres réunis, non-feulement ils ont produit des réformes falutaires, mais leur zèle pour

le foutien de la Monarchie, n'a point eu de
borne. Souvent ils ont voulu prévenir le mal
par de fages précautions; jamais ils n'ont épar-
gné leurs efforts pour le réparer.

Les Ordres, dans les Etats-Généraux Affemblés à Tours en 1467 & 1483, reftèrent conftamment réunis. Dans les premiers, ils offri-
rent au Roi, pour foutenir la guerre, *leurs corps
& leurs biens.* Ils promirent de le *fervir envers &
contre tous, fans nul excepter, jufqu'à la mort;*
dans les autres, ils accordèrent avec empreffement les fommes néceffaires pour la défenfe du
Royaume, & prirent les réfolutions les plus
importantes.

Dans les derniers Etats-Généraux d'Orléans,
de Blois & de Paris, les Ordres furent féparés:
mais quelle fut leur utilité pour le Royaume,
quelle fut leur utilité pour le Monarque, quelle
fut fur-tout celle des Etats de 1614? Ils ne pro-
duifirent que des querelles puériles, & les Communes y furent avilies.

Les formes obfervées en 1614 ne fauroient
être appellées des formes antiques & *conftitu-
tionnelles;* elles n'eurent de commun avec les
Etats des 14 & 15e. fiecles, que la convocation
devant les Sénéchaux & les Baillis : mais avant
les Etats tenus à Orléans en 1560, les Ordres
délibéroient le plus fouvent enfemble, & lorfqu'ils fe féparoient, ils fe réuniffoient enfuite

pour concerter leurs délibérations. Ils ne choi-
fiffoient ordinairement qu'un feul Préfident ,
qu'un feul Orateur pour tous les Ordres. Le
Clergé , quoique moins éclairé que celui de nos
jours, l'étoit cependant plus que les autres claffes
de Citoyens, & les Etats-Généraux élifoient
ordinairement leur Orateur parmi les Membres
de cet Ordre.

Les Etats d'Orléans eurent l'imprudence de
ne pas fuivre les formes obfervées précédem-
ment ; les Ordres fe féparèrent : le Clergé les
invita vainement à ne faire qu'un cahier commun & à choifir un feul Orateur : mais ils eurent
foin de protefter que cette innovation ne nuiroit
pas à *l'union & intégrité du corps des Etats* & qu'il
n'en adviendroit aucune diftinction ou féparation.

L'Orateur du Clergé dit, dans fa harangue,
» que les trois Etats, par le paffé, n'avoient eu
» qu'une bouche, un cœur & une ame : l'organe
» étoit l'Eglife, les deux autres demeuroient
» toujours *en un même cœur & en un même corps* ».

Malgré ces proteftations, le funefte exemple
donné par les Etats d'Orléans, fut fuivi par les
Etats de Blois & par ceux de 1614 ; s'il pouvoit
encore être imité, craignons que les Etats-Généraux ne puiffent rien faire pour la félicité du
Royaume & la gloire du Trône ; & que l'Eu-
rope n'apprenne, avec furprife, que les Fran-

çois ne favent ni fupporter la fervitude, ni mériter la liberté.

Les Trois-Ordres de Dauphiné efpèrent encore
qu'on ne regardera pas comme *conflitutionnels*
des abus qui n'ont jamais été fanctionnés par aucune loi. Lorfque le féodalité eut attaché les
hommes à la terre, tous les pouvoirs, tous les
priviléges émanèrent du fief, & les Seigneurs
furent long-tems les feuls Repréfentans des lieux
foumis à leur jurifdiction. D'après cet ufage,
l'Ordre de la Nobleffe n'a fouvent été formé aux
Etats-Généraux que par les Seigneurs de fiefs;
mais l'élection libre doit feule aujourd'hui préfider à la repréfentation. Les prérogatives de la
Nobleffe font attachées à la perfonne & non pas
à la glebe; & pour repréfenter cet Ordre, il ne
doit plus être néceffaire d'être poffeffeur d'un fief.

La Province de Dauphiné efpère que VOTRE
MAJESTÉ mettra fa gloire à procurer à la France
une conftitution qui faffe refpecter les droits du
Monarque & protège ceux de fes Sujets, & qui
ne laiffe plus d'obftacle au defir qu'Elle a de rendre
fon peuple heureux. Le jour viendra fans doute
où les Etats-Généraux étant établis fur des principes ftables & formés à la fatisfaction de tout
le Royaume, par un grand nombre de Repréfentans librement élus, les Provinces pourront
faire le facrifice de quelques priviléges particu-

liers, pour s'affurer la jouiffance des droits na-
tionaux. Alors, SIRE, le Dauphiné, fidèle aux
principes qui ont déjà dicté fes réfolutions relativement à *l'octroi* de l'impôt, s'empreffera lui-
même de donner l'exemple; mais dès ce moment,
animés du même zèle & du même efprit, c'eft
en qualité de François, c'eft en réuniffant leurs
fuffrages, que les Repréfentans de tous les Ordres & de toutes les Provinces, doivent délibérer
fur le fort de la France entière. Non, SIRE, ils
n'oublieront pas qu'ils font François, & ce titre
leur rappellera que notre Nation affocia toujours
fa gloire à celle du Monarque, mit fon bonheur
à chérir fes Rois, & n'épargna jamais ni fon
fang ni fes biens pour maintenir la dignité du
Trône.

NOUS fommes avec un profond refpect,

SIRE,

De Votre Majefté,

Les très-humbles, très-obeiffans
& très-fideles Sujets & fervi-
teurs, les TROIS-ORDRES DE
LA PROVINCE DE DAUPHINÉ.

Signé, † J. G. Archev. de Vienne, Préfident.

MOUNIER, *Secrétaire.*

Romans, le 8 Novembre 1788.

Le Secrétaire a enfuite fait lecture du procès-verbal des Séances précédentes.

M. le Comte de Morges, Préfident de l'Ordre de la Nobleffe, a dit que M. le Marquis de Viennois, M. le Comte de la Blache & M. le Comte de Virieu fe font occupés, avec le zèle le plus actif, des intérêts de la Province, & lui ont rendu des fervices importans; qu'il feroit convenable de faire mention, dans le procès-verbal, des fentimens de reconnoiffance des Trois-Ordres.

L'Affemblée a reçu cette propofition avec des applaudiffemens.

M. le Chevalier de Murinais a dit que M. le Comte de Morges méritoit également, par fon patriotifme & par la conftance de fon zèle, la mention honorable qu'il vient de demander pour MM. les Députés de la Nobleffe à Paris; l'Affemblée a de même accepté cette propofition avec des applaudiffemens.

Enfuite MM. les Maire & Echevins de la ville de Romans, accompagnés de MM. de la Cour d'Ambezieu, Dochier & Legentil, Avocats & Députés de la même Ville, fe font avancés au milieu de l'Affemblée, & M. Mortillet, premier Echevin, prenant la parole, a dit:

MESSIEURS,

« La ville de Romans s'applaudira à jamais
d'avoir réuni dans son sein les Trois-Ordres
de la Province, & d'être devenue, par ce
choix honorable, le berceau de la constitution.
Ses Citoyens, en faisant leurs efforts pour
vous témoigner leur zèle & leur reconnoissance, sont sans doute restés bien au-dessous
de ce que vous méritez ; mais du moins daignez croire, Messieurs, que rien ne sauroit
surpasser les sentimens du profond respect dont
ils sont pénétrés pour cette auguste Assemblée ».

L'Assemblée a répondu par des applaudissemens.

M. le Président a dit qu'il étoit convenable
de députer M. Mounier, Secrétaire, à MM. les
Commissaires du Roi, pour les prévenir qu'ils
étoient attendus.

Le Secrétaire s'est rendu chez M. le Comte
de Narbonne-Fritzlar, où s'est trouvé M. Caze,
Baron de la Bove.

Le Secrétaire étant revenu, MM. les Commissaires du Roi ont fait avertir par un Officier du Régiment de Royal la Marine, qu'ils
étoient à l'entrée de l'Eglise. Les mêmes Députés nommés pour les recevoir, le deux Novembre, les ont reçus & accompagnés de la

même manière que le jour de l'ouverture des Séances.

MM. Les Commissaires du Roi ont salué l'Assemblée, qui s'est levée pour les recevoir. Ayant pris les places qui leur étoient destinées, & étant assis & couverts, ainsi que les Membres de l'Assemblée, M. le Comte de Narbonne a dit :

MESSIEURS,

Vous vous êtes assemblés en Trois-Ordres, sous le bon plaisir du Roi, pour vous occuper d'un objet qui sera à jamais mémorable, & fera époque dans les fastes de la Province ; vous l'avez suivi avec constance, discuté avec autant de sagesse que de sagacité, & vous venez de le terminer avec succès. Sa Majesté, dont les intentions bienfaisantes ont été si particulièrement manifestées à ses Sujets du Dauphiné, apprendra cet événement avec satisfaction. Vous allez, Messieurs, vous répandre dans les différens districts, pour procéder à l'Election des Représentans aux Etats Provinciaux : le choix que vous avez fait, avec acclamation, d'un Prélat aussi respectable par ses vertus, que capable, par ses lumières, de remplir vos vues, est un augure assuré que les Députés que vous nommerez à l'Assemblée très - prochainement indiquée, concourront avec zèle dans un travail auffi utile qu'intéreffant pour la chofe publique. Mes fentimens particuliers, Meffieurs, pour une Province, dans le fein de laquelle j'ai eu l'avantage de naître, ne doivent vous laiffer aucun doute fur les vœux ardens que je ne cefferai de former pour fon bonheur, fa gloire & fa profpérité.

M. Caze, Baron de la Bove, a dit :

Messieurs,

Vous êtes parvenus à ce terme fi defiré, celui de confommer l'ouvrage de la bienfaifance de Sa Majefté & du patriotifme. La conftitution qui va régir cette Province, a reçu de vos mains cette empreinte qu'on devoit attendre de Sujets également éclairés & fidèles. Qu'il eft doux pour moi, Meffieurs, de pouvoir m'affocier à la fatisfaction que vous éprouvez, & de n'être étranger à vos fuccès, ni par mon cœur, ni par ma conduite. Nous pouvons nous féliciter d'avoir porté au pied du Trône votre vœu pour votre formation en Trois-Ordres, pour le rétabliffement de vos Etats, & de l'avoir conftamment fecondé ! Ah ! s'il eft permis d'avoir une noble affurance, c'eft lorfqu'on n'eft pas réduit à parler du bien qu'on a voulu faire, c'eft lorfqu'on peut fe glorifier de l'avoir fait. Le prix dont vous daignâtes payer mes foins

dans votre dernière Affemblée, fera éternelle-
ment cher à mon cœur, & je conferverai fidè-
lement le fouvenir de l'eftime que vous vou-
lûtes bien me témoigner. C'eft à elle ; c'eft à
votre équité que j'en appellerois fi on me dif-
putoit le droit, j'ofe le dire, de m'applaudir
au milieu de vous, Meffieurs, de la conduite
que j'ai eue dans les circonftances bien pénibles
où je me fuis trouvé, & d'avoir fu concilier
mes devoirs & vos vœux ; tant il eft vrai que
fous un Roi bienfaifant & jufte, l'obéiffance
d'un Adminiftrateur peut s'allier avec l'heureux
don d'interpréter fon cœur.

Je me réferve, à l'ouverture des Etats, de
mettre fous leurs yeux, d'après la permiffion
que m'en ont donnée les Miniftres de Sa Majefté, les différents objets d'amélioration dont
je me fuis occupé depuis que je fuis en Dauphiné. Une récompenfe bien chère pour moi,
en rempliffant les fonctions de la place que le
Roi a bien voulu me confier, fera d'avoir mérité votre fuffrage, Meffieurs, celui d'une Province que j'ai préférée, & à laquelle j'ai voué le
plus vif attachement.

Meffieurs de l'Ordre du Clergé.

SANS craindre d'affoiblir l'expreffion de mes
fentimens, je viens de la rendre commune à

tous

tous les Ordres ; permettez néanmoins, Meffieurs, que je vous préfente en particulier l'hommage que l'on doit aux vertus comme aux lumières qui vous diftinguent, & dont le Prélat
refpectable, qui préfide cette Affemblée, offre,
dans un degré fi éminent, le touchant affem-
blage.

Meffieurs de l'Ordre de la Nobleffe.

C'EST parmi vous que vit le jour le Chevalier Sans-Peur & Sans - Reproche ; j'aime à
me retracer ce fouvenir, parce qu'il vit dans
vos cœurs. Je me fuis occupé avec enthoufiafme d'un projet de monument qui éternifera
dans cette Province, à tous les yeux, fes vertus &
fes plus belles actions ; vous êtes dignes, Meffieurs, d'un pareil modèle ; & quand je l'offre
à votre attention, c'eft vous témoigner la haute
opinion que j'ai de cette Nobleffe généreufe,
dont le Préfident qu'elle s'eft choifi, réunit
aux qualités de fon ame & à la pureté de fon
cœur, la modeftie qui entraîne les fuffrages.
Cette Nobleffe fut, pour ainfi dire, le berceau
de l'ancienne Chevalerie ; elle donne aujour-
d'hui l'exemple fublime de ce que peut fur elle
l'amour de fon Prince & de fon pays.

Meffieurs de l'Ordre du Tiers-Etat.

H

L A réunion des Trois-Ordres de cette Province eſt une époque que le patriotiſme rendra toujours célèbre dans nos annales. L'eſprit & les talens qui caractériſent votre Ordre en particulier, mériteroient les plus grands éloges, mais les témoignages de ſatisfaction de Sa Majeſté, les ſuffrages de ſes Miniſtres, qui réuniſſent la confiance de la Nation, ſuffiſent à votre gloire. Souffrez, Meſſieurs, que je vous aſſocie à ce que m'inſpirent les deux premiers Ordres. Il ne peut m'en coûter de n'avoir perſonne à diſtinguer parmi vous; & je me plais à reconnoître l'égalité de vos droits comme l'uniformité de vos vertus.

M. l'Archevêque de Vienne, Préſident des Trois-Ordres, a dit :

M E S S I E U R S,

L'Aſſemblée des Trois-Ordres reçoit avec reconnoiſſance les témoignages de vos ſentimens. Précieux par eux-mêmes, ils tirent un nouveau prix des bouches qui les expriment; ils nous annoncent la continuation des bontés paternelles du Roi envers cette Province; c'eſt la récompenſe la plus flatteuſe de notre zèle & de nos travaux.

M. l'Abbé de la Salcette, Procureur-fondé de M. l'Archevêque d'Embrun, a dit :

MESSIEURS,

Cette Affemblée, à jamais mémorable, en s'occupant du bonheur de la Province, a eu la fatisfaction de trouver dans MM. les Commiffaires du Roi, des Citoyens zélés, qui partagent nos fuccès & n'ont rien négligé pour y contribuer : l'Ordre du Clergé me charge, Meffieurs, de vous témoigner combien il vous doit de reconnoiffance, combien il s'empreffe de rendre hommage à un Guerrier auffi diftingué par fes talens militaires que par fes vertus civiles ; à un Magiftrat éclairé, qui, depuis que cette Province le poffède, n'a ceffé de prouver qu'il defire de la voir heureufe.

Au terme de nos travaux, qu'il me foit permis, Meffieurs, au nom de mon Ordre, de déclarer que MM. de la Nobleffe & MM. des Communes auront une jufte idée de fes principes, s'ils font bien convaincus qu'il fera toujours dirigé par l'amour de la Patrie, & que, comme eux, il faura tout facrifier à la félicité publique.

M. le Comte de Morges, a dit :

MESSIEURS,

La voix publique donne une telle célébrité

H 2

à la nouvelle légiſlation qui émane de votre ſageſſe & de vos lumières, que vous pouvez vous flatter d'avoir terminé, avec le ſuccès le plus glorieux, l'objet le plus important pour le bonheur de cette Province. Les générations futures béniront votre ouvrage & votre mémoire, & déjà toutes les Provinces du Royaume envient & applaudiſſent à l'heureuſe conſtitution que vous venez d'aſſurer à vos concitoyens. Vous avez montré, par le choix que vous avez fait du Préſident de cette Aſſemblée, combien vous ſaviez eſtimer les vertus & les talens. Vous avez prouvé que l'amour de la liberté pouvoit s'allier dans vos cœurs au reſpect & à la fidélité qui ſont dus au Souverain. De quels entimensn 'êtes-vous pas pénétrés, Meſſieurs, pour le Monarque qui règne ſur nous, auquel vous devez la régénération libre de vos Etats, & dont la bienfaiſance étend ſes effets juſques ſur votre poſtérité la plus reculée ? De quels efforts n'êtes-vous pas capables, pour lui prouver votre vive reconnoiſſance ? La Nobleſſe, ſur-tout, lui montrera que les ſentimens de Bayard règnent encore dans ſa Patrie, & le ſurnom de Frizlar prouve aſſez que la Nobleſſe de Dauphiné n'a pas dégénéré de ſes antiques vertus ; elle voit donc, avec une très-grande ſatisfaction, un des Membres les plus diſtingués de

fon Ordre, dans la perfonne du premier Com-
miffaire du Roi. L'un & l'autre, Meffieurs, ont
des droits à notre reconnoiffance, & je remplis,
avec fidélité & empreffement, le vœu de la
Nobleffe, en témoignant à M. le Comte de Narbonne-Frizlar & à M. de la Bove, combien nous
fommes fenfibles à l'intérêt qu'ils ont marqué
pour le fuccès d'un établiffement fi defiré, auquel
ils ont contribué par un zèle qui mérite toute
notre confiance, & dont je fuis chargé de leur
adreffer les remercîmens les plus authentiques.
J'en dois de particuliers au Magiftrat vertueux
& diftingué qui me donne des témoignages flatteurs de fon fuffrage. Vous ferez bientôt, Meffieurs, réunis à la Nation par vos Repréfentans
aux Etats-Généraux; ils paroîtront dans cette
augufte Affemblée, avec cette confiance qu'infpire toujours la loyauté des fentimens & des
principes dont vous faites profeffion, & vous
prouverez ce qui a été dit tant de fois, que
l'amour des Peuples eft la plus puiffante ref-
fource des Rois.

M. de la Cour d'Ambézieux a dit :

MESSIEURS,

Cette augufte Affemblée vient de nous donner
le Spectacle le plus majeftueux & le plus con-
folant.

Commiffaires choifis par un Roi jufte & bon, vous avez, Meffieurs, parfaitement rempli les vues paternelles du Monarque qui vous a honorés de fa confiance, & nous avons vu, avec admiration, un Guerrier, dont les talens Militaires font atteftés par un furnom glorieux, développer les fentimens patriotiques, qui honorent le Citoyen.

Un Magiftrat plein de zèle, conciliant dans des tems difficiles, les devoirs de fa place avec fon attachement pour la Province, & s'occupant fans ceffe de projets utiles.

Un Préfident, dont les vertus ont enchaîné nos fuffrages, ne nous laiffer de vœux à former que pour la durée du lien par lequel nous nous fommes efforcés de nous l'attacher.

Un Clergé vraiment pénétré des grands principes de la religion & de la morale dont il nous a donné l'exemple, concourir à la paix & à l'union, par l'oubli des prétentions qui auroient pu la troubler.

Une Nobleffe au-deffus de tout éloge, joindre au courage héroïque qui l'a toujours diftinguée, une fageffe profonde dans le Confeil, & une loyauté conftante dans les procédés.

Le troifième Ordre s'honore d'avoir prouvé combien il eft digne de fon affociation aux deux premiers, en déployant avec eux le même zèle

& la même énergie pour le maintien de la conftitution.

C'eft, Meffieurs, par cet accord de vues, de principes & de fentimens, que les Trois-Ordres ont concilié la défenfe légitime des Droits & Privilèges de la Province, avec l'amour, le refpeɛt & la fidélité dont ils n'ont jamais ceffé d'être pénétrés pour le Souverain.

Heureufe union qui fera toujours chère à nos cœurs, dont le troifième Ordre fent tout le prix, & qu'il fe fera toujours un devoir d'entretenir.

Daignez, Meffieurs, nous permettre de vous rendre dépofitaires de ces fentimens, & agréez, par mon organe, le témoignage de la jufte reconnoiffance, que mon Ordre me charge de vous offrir.

Enfuite MM. les Commiffaires du Roi fe font levés, ont falué l'Affemblée & fe font retirés accompagnés de la même manière que lorfqu'ils étoient entrés.

Pendant leur marche, les Membres de l'Affemblée ont applaudi & crié VIVE LE ROI.

Il a été arrêté qu'il fera adreffé une Copie du préfent Procès-Verbal à leurs Alteffes Royales, Monfieur, Frère du Roi, à Monfeigneur le Comte d'Artois, à Son Alteffe Séréniffime Monfeigneur le Duc d'Orléans, Gouverneur de la

Province, à M. le Garde des Sceaux, à M. le Comte de Brienne, Miniſtre, ayant le Dauphiné dans ſon Département, & à M. Necker, Miniſtre des Finances.

Les Membres de l'Aſſemblée ont ſigné, ſous la réſerve des rangs & préſéances des Perſonnes & des Bourgs, Villes & Communautés de la Province.

Le Cte DE NARBONNE FRITZLAR, ⎱ *Commiſſaires*
CAZE DE LA BOVE.　　　　　 ⎰ *du Roi.*

† *J. G. Archev. de Vienne, Préſident.*

MOUNIER , *Secrétaire.*

www.ingramcontent.com/pod-product-compliance
Lightning Source LLC
Chambersburg PA
CBHW071829090426
42737CB00012B/2214